FROM THE AU

Bonjour.

Parlez-vous Franglais? *Non*? Vous ne dites pas!

Eh bien, cher reader, vous êtes en luck. Le book que vous avez maintenant dans vos hands – cette so-called '*Bumper Book of Franglais*' – contains dans ses pages 101 brand nouveaux leçons de Franglais. Et le truth is, comme vous allez très vite découvrir, Franglais est un absolute doddle. C'est même fun à boot!

Je ne dis pas porky pies. Si vous êtes un fluent English-speaker, et si vous avez un GCSE français, Franglais est un morceau de gâteau. Comme tout le monde knows only too bien, un GCSE de French est normalement inutile. Un nothing. Un wash-out. Les habitants de la France ne parlent pas GCSE French. Ils ne comprennent pas GCSE French. Bref, un GCSE en français est un passeport à nowhere.

Mais maintenant *Le Bumper book of Franglais* vous offre une unmissable occasion d'utiliser votre creaky French!

Avec ce livre, vous pouvez être un maître linguistique, amazer vos amis, sentir une nouvelle confidence, développer vos muscles, loser le flab et attracter les guys ou les oiseaux.

Pas mal, hein?

Adapted from a note written by Miles Kington

Au le commence je voulais donner ce livre a Rav, après à MC, mais au le fine j'ai décidé le donner à Gian, qui peut-être aurait bcp du temps avec le franglais.

Pour tes trois alors,

Marco

First published in the United Kingdom in 2010 by:
Old Street Publishing Ltd,
Trebinshun House, Brecon LD3 7PX
www.oldstreetpublishing.co.uk

This paperback edition published 2011.

ISBN-13: 978-1-906964-74-0

The majority of Franglais pieces were originally published in *Punch* magazine.

A CIP catalogue record for this book is available from the British Library.

10 9 8 7 6 5 4 3 2 1

For Miles, with my love

LE BUMPER BOOK OF FRANGLAIS

BY

MILES KINGTON

Compiled and edited by Caroline Kington
with original illustrations by Wendy Hoile

Old St

CONTENTS

Un foreword par Ian Hislop,
notable amateur de Franglais et
all-round bon oeuf

DANS LE PUBLISHER

Le Publisher: Ah bonjour, Monsieur Hislop, c'est si marvellous of vous de venir, je suis très delighted que …

Monsieur Hislop: Gettez-on avec it.

Le Publisher: OK, OK, je comprends, pas de talk petit, il faut parler de business. Vous êtes un busy homme, obviously, et …

Monsieur Hislop: Qu'est-ce que vous voulez?

Le Publisher: Je veux un foreword pour une collection de columns de Miles Kington.

Monsieur Hislop: Les columns qui s'appellent '*Let's Parler Franglais*'?

Le Publisher: Oui. Les very mêmes.

Monsieur Hislop: Mais pourquoi n'avez-vous pas dit cela dans le first place? Kington était un vrai genius comique et Franglais est le defining achievement de son career. Je crois que Franglais est une langue aussi convincing qu'Esperanto et tout le monde peut parler Franglais no problem dans un couple of minutes. C'est si simple et si brilliant et …

Le Publisher: Oui c'est tout vrai et …

Monsieur Hislop: N'interruptez pas. Je suis dans le flow.

Le Publisher: Pardon.

Monsieur: Dites-moi however une chose. Pourquoi avez-vous besoin d'un foreword écrit par someone moins amusant que Kington? Sûrement ses pieces comiques avec leur insights dans les mondes du cultur et de politics et de social life – et de just about everything else – parlent pour themselves? Unless vous avez passé vingt ans sur la lune, vous devez savoir que Kington a écrit ses columns exceptionelles dans le journal *Punch* (Restez En Peace) et dans *Le Times* et L'*Independent* (toujours with us, au temps de writing). Il était un des humoristes le plus consistently entertaining dans Britain. Comme ils disent sur les chat shows de télévision, Kington 'needs no introduction'.

Le Publisher: Je hear ce que vous dites, Monsieur Hislop, mais c'est important d'introducer Kington à un nouveau generation de lecteurs …

Monsieur Hislop: Ah, les young people. Publishers sont toujours très keen on les young people.

Le Publisher: Et pourquoi non? Les young peoples ne méritent pas le best comic writing, ils ne déservent pas le plaisir de rire avec la création la plus côté-splitting … ?

Monsieur Hislop: OK, OK, je give in. Mais sur une condition. Je veux écrire le foreword en Franglais.

Le Publisher: C'est un deal. Après tout, c'est seulement une ou deux pages et puis les readers will have deux cents pages du vrai thing. Et personne ne fait Franglais comme le grand Kington himself.

Monsieur Hislop: Ne rubbez it in.

Leçon One

DANS LE LOST PROPERTY

Attendant: Oui, monsieur? Vous cherchez de lost property?
Client: Oui. Je cherche un parrot.
Attendant: Bon. Nous avons un parrot département. Quelle sorte de parrot vous cherchez?
Client: Rien de spécial. Un parrot, vert avec markings en rouge … ou en orange …
Attendant: Nous avons beaucoup de parrots comme ça. Il faut spécifier.
Client: Un one-legged parrot. Avec ear-rings. Qui imite Bing Crosby.
Attendant: Un one-legged parrot, qui fait une passable imitation de Bing Crosby? Non, nous n'avons rien comme ça. Quand vous avez perdu ce parrot? Donnez-moi les détails de sa disappearance.
Client: Oh, je n'ai pas perdu un parrot. Je ne suis pas l'owner d'un parrot.
Attendant: Alors, que faîtes-vous ici dans Lost Property?
Client: Je *cherche* un parrot. J'ai l'intention de commencer l'ownership d'un parrot, et je me suis dit, 'Où acheter un parrot? Ah! Dans le Lost Property! Je suis sûr qu'il y a beaucoup de unclaimed oiseaux!'
Attendant: Alors, cet one-legged parrot, avec le penchant pour Bing, il n'existe pas? Il est dans votre imagination?
Client: Oui. C'est la description de mon idéal parrot.
Attendant: Well, tough. Ici, nous avons seulement les parrots perdus, qui attendent leurs rightful owners.
Client: Oui, mais si le rightful owner ne vient pas réclaimer sa propriété? Si le parrot reste ici unclaimed?
Attendant: Well, après trois months, nous assumons que le rightful owner est très forgetful, ou un right bastard, ou mort.

Client: Et? Le parrot?
Attendant: Souvent, il relapse dans une melancholia terminale, et il expire dans l'absence de son owner.
Client: Mais s'il est un surviveur?
Attendant: Ah, s'il est un parrot avec le will à exister, nous le mettons dans le choir!
Client: Pardon?
Attendant: Le choir. Nous avons ici un grand choir de parrots chantants, le Lost Property Parrot Chorus. Ils sont sur un provincial tour en ce moment. Ils font les sélections de Gilbert et Sullivan, des spirituals, extraits de Carmina Burana, des trucs comme ça.
Client: Il y a combien dans ce line-up?
Attendant: 30 basses, 30 tenors, 10 altos et 40 sopranos.
Client: Il y a des parrots *sopranos*?
Attendant: Oui. S'ils sont l'ex-property d'une lady. Question d'imitation, vous voyez.
Client: Alors, vous n'avez pas des parrots for sale?
Attendant: Non. Mais si vous voulez acheter le LP du Lost Property Parrot Chorus, Vol. 1 …

Leçon Two

LE DANCING LESSON

Instructrice: Bonjour, monsieur
Monsieur: Bonjour, madame
Instructrice: Vous êtes dans une private lesson pour quelle danse? Le frug? Le shimmy? Le Boston deux-step?
Monsieur: Le waltz
Instructrice: Bon, le waltz. Alors, vous mettez une main dans le small de mon dos, comme ça – non, pas comme ça, mais comme ça – et l'autre main dans ma main – oui, comme ça. Et off nous allons! Un, deux, trois, 1, 2, 3 ... C'est la première fois que vous faites le waltz?
Monsieur: Oui. Waltz-wise, je suis un novice.
Instructrice: Blimey. OK, commençons des scratch. Le waltz est trois beats per bar. Vous comprenez?
Monsieur: Non
Instructrice: Well, la musique, toute musique, est divisée en bars. Et les bars sont divisés en beats. Dans un waltz vous avez 3 beats. Comme follows ... *God* save our *Gra*cious Queen...
Monsieur: C'est un waltz, l'anthem national?
Instructrice: Oui.
Monsieur: C'est un peu lèse-majesté, n'est-ce pas? I mean, standing à attention pour un waltz ... Ce n'est pas right.
Instructrice: Ce n'est ni here nor there. Regardez mes pieds: 1, 2, 3, 1, 2, 3 ... Maintenant avec vous ... 1, 2, 3, 1, 2, 3 ... C'est la première fois que vous dansez?
Monsieur: Oui. C'est shameful, je sais. Je suis 40 et je n'ai jamais dansé.
Instructrice: Monsieur, j'ai un spot d'advice pour vous. C'est trop tard pour vous. Le dancing sera toujours un closed book pour vous. Abandonnez votre ambition de valser. Je vais faire

le refunding de la monnaie pour vous.
Monsieur: Ah, non! Il faut que je danse! Le thing est, je suis un film extra. Eh bien, si vous êtes un film extra, et vous avez des spécialités, comme le dancing, c'est extra lolly. Si je mets sur mon curriculum: 'Film extra. Specialités: waltzing, parachuting, tuba-playing, conjuring …'
Instructrice: Et vous faites aussi le parachuting, tuba-playing, etc?
Monsieur: Oui. Well, j'ai commencé les lessons.
Instructrice: Et que disent vos instructeurs?
Monsieur: Le même que vous. Ils disent: 'Vous êtes hopeless. Refunding de la monnaie,' etc.
Instructrice: Oh, là là, c'est tragique. OK, donnons un last go au waltz. Ah! Vous avez steppé sur mon pied. C'est agonie!
Monsieur: Madame, reposez-vous ici. Oui, comme ça. Maintenant, déliez vos souliers. Relax. Maintenant, où est l'injury? Là? Bon, je vais vous massager un peu …
Instructrice: Do you know quelque chose? Vous avez un knack pour le 1st Aid. Vous avez un parfait bedside manner.
Monsieur: C'est vrai?
Instructrice: Oui. Mettez ça sur votre curriculum: Spécialité: 1st Aid. OK? Bon. Maintenant continuez votre massaging. C'est très confortant. Mmmmmm …

Leçon Three

UNE SUR-LE-SPOT FINE

(Scene: le motorway sur le hard shoulder.)

Policier: Bonjour, monsieur. Vous savez que nous avons un nouveau system d'on-le-spot fining?

Motoriste: Oui, mais …

Policier: Eh bien, je vous donne maintenant une fine de £60.

Motoriste: Oh, là là! Mais je n'ai rien fait! C'est pour quelle offence, ce penalty?

Policier: Pour rudeness et mauvais behaviour à un policier.

Motoriste: Rudeness? Mais je n'ai pas été offensif envers vous!

Policier: Pas encore. C'est un nouveau system. Nous vous donnons le penalty first, vous commettez l'offence après!

Motoriste: Ah, c'est typical. Je suis le motoriste le plus well-behaved sur le motorway, et vous m'arrêtez. Vous êtes hopeless, la police.

Policier: Hopeless, eh? Vous pouvez expliquer ça?

Motoriste: Well, vous ne pouvez pas arrêter les grands criminels, mais vous pouvez toujours victimiser le petit bloke comme moi. Vous paradez à 100mph avec les flashing lumières bleues, et commencez les motorway crashes. Vous prenez beaucoup de libertés …

Policier: Des libertés, eh? Vous pouvez expliquer ça.

Motoriste: Oui! … Eh bien, non. Je ne veux pas être offensif envers un policier.

Policier: Alors, nous allons attendre ici. J'ai tout le temps dans le monde.

Motoriste: Et moi, non! J'ai un meeting très important à Birmingham dans une heure.

Policier: Birmingham, eh? Quel dump.

Motoriste: Ah, c'est OK pour vous d'être offensif à

Birmingham, eh, mais pour moi d'être offensif à un policier c'est une offence criminelle, eh? Vous êtes un smooth bastard.

Policier: Right! OK! Voilà, sunshine! Un ticket pour rudeness à un officer de police! £60!

Motoriste: Actuellement, je suis un solicitor. Et je sais pour certain que rudeness à un officier est une non-existent offence.

Policier: Hmm. OK. Très bien. Well done. Actually, je suis sur un training course. Je fais seulement le practice pour les tickets. Mais j'ai du good news pour vous. Si nous rencontrons des motoristes co-operatifs, nous pouvons leur donner un reward. Et voilà, pour vous, £5!

Motoriste: C'est tres gentil … merci …

Policier: Right, sunshine! Vous êtes nabbed! Je vous donne un penalty pour l'acceptance d'une bribe d'un policier.

Motoriste: Oh, bleeding enfer. C'est comme un flaming drame par Harold Pinter, ici!

Policier: Harold Pinter? C'est un accomplice? Vous pouvez me donner son nom et adresse?

Motoriste: Non!

Policiers: Right. Refusal à donner un nom et adresse … £60. Nous sommes maintenant sur £120. Vous voulez jouer double ou quits?

Leçon Four

CHEZ LES SAMARITAINS

Le téléphone sonne.

Samaritain: Oui? Oui, monsieur. Vous êtes au bout de votre tether. Adieu, cruel monde. Bon. Je serai avec vous dans un jiffy, mais j'ai un bloke sur l'autre ligne. OK? Meanwhile, ne faites pas quelque chose de stupide. OK? Bon. *(Sur l'autre ligne.)* Rosie? Je regrette, mais j'ai un genuine call. Oui. Un vrai cas de self-termination. A demain, dans le pub, OK? Ciao, sweetie. *(Il remplace le télépbone. Il ramasse l'autre.)* Vous êtes là, monsieur? Fine, great. Maintenant, dites-moi vos troubles … Un moment, un moment … si vous pleurez comme ça, je n'écoute rien. Vous avez un handkerchief? Splendide. Appliquez le handkerchief à votre nez. Oui. Maintenant, soufflez. Un grand blow pour Papa. Encore une fois. Bon! Ça va mieux, maintenant? *(Il commence à faire des doodles sur un morceau de papier.)* Oui, c'est plus clair maintenant. OK, commençons au commencement. Oui … oui … oui. OK, j'ai la picture générale. Vous êtes tout seul. Vous n'avez pas un job. Vous n'avez pas de home. Vous n'avez pas même un TV. Oui, c'est sérieux. *(Il ouvre un drawer. Il prend une bouteille de whisky dans le drawer. Il prend an glass. Il ouvre la bouteille. Il verse un peu de whisky dans le glass. Il boit.)* Et maintenant vous pensez à la suicide. Bon, c'est naturel. Personellement, je ne vous blâme pas. C'est attractif, n'est-ce pas, la mort? Quand vous êtes mort, il n'y a pas de taxes, pas d'Insurance Nationale, pas de dole queue. Mais pensez un moment. Dans l'Orient, on n'a pas la même attitude. Les Orientaux disent que les possessions matériels sont un trap. Là, la pauvreté, c'est le bonheur. C'est une pensée, hein? Dans l'Orient vous seriez heureux! *(Il écoute un moment.)* Vous vous n'intéressez pas à l'Orient. Vous ne voulez pas être Bouddhiste, ni Hindou. Bon. Vous avez un point là. OK, recommençons. Voulez-vous voyager? Voulez-vous voir le monde? Voulez-vous la vie d'une pierre roulante, foot-loose et libre de fancy? Parce que maintenant vous avez une chance unique pour faire le hobo! Simplement faire la skedaddle! Ah, je vous envie! Vous êtes énormément lucky! *(Il allume une cigarette.)* Vous désirez un job. Vous désirez la sécurité. Je comprends. Alors, dites-moi vos qualifications ... Vous êtes un banker, sur le scrap-heap. Hmm. C'est difficile, ça. Vous avez l'habitude d'une vie de Riley. Maintenant vous êtes dans le froid. Mais dites-moi une chose. Quand vous étiez banker, et un bloke venait vous voir, et le bloke disait: 'Je n'ai pas de job, je n'ai pas de home, je n'ai pas de sécurité ... ' – alors, qu'avez-vous dit? Hmm? *(Il regarde sa montre.)* Vous dites: 'Sorry – pas une chance!'? Eh bien, moi aussi, je dis: 'Sorry – je ne peux pas etre d'assistance.' Bye bye. *(Il remplace le phone.)* C'est toujours la même chose avec les bankers. Ils aiment un petit punch-up. Donnez-leur un rough ride – ils produisent des miracles. Attendez un moment. *(Le téléphone sonne. Il répond.)* C'est vous, le banker? Bon. Ecoutez. Vous allez prendre un petit trip autour du monde. Sur une bicyclette. Parce que je dis, c'est pourquoi. N'arguez pas avec moi, mate! Vous êtes assis sur votre grande derrière depuis 25 années – maintenant il faut un peu d'action. Donnez-moi un ring quand vous rentrez, en 2012. Au revoir. *(Il slamme le téléphone.)* Curieux. J'ai vingt-cinq ex-bankers qui circulent la globe en ce moment. Et pas un seul m'a envoyé un postcard. C'est une vie dure dans les Samaritains.

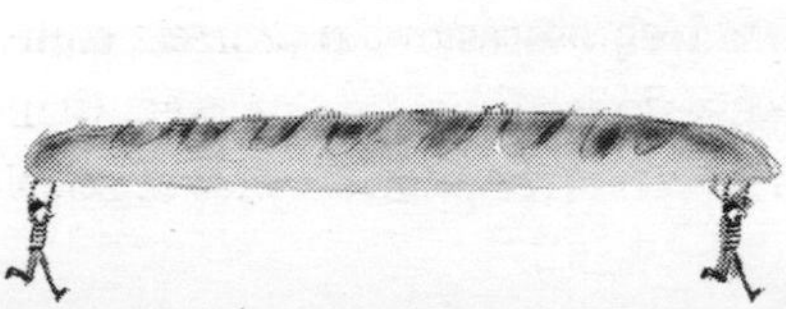

Leçon Five

CHEZ LE FISHMONGER

Fishmonger: Oui, monsieur, vous désirez?
Client: J'ai une complainte.
Fishmonger: Bon! Vous avez une complainte, et votre docteur dit, 'Mangez du poisson,' et vous venez ici pour acheter du poisson. Un sage bloke, votre docteur.
Client: Non. J'ai une complainte contre vous.
Fishmonger: Oh. Dites-moi le worst.
Client: Hier, j'ai acheté un grand sac de mussels. Hier soir, j'ai consumé les mussels.
Fishmonger: Et maintenant vous avez une complainte?
Client: Non. Je suis dans le pink de santé. La majorité des mussels étaient superbe. Presque sans exception, les moules étaient terrifs. Mais il y a une exception – ce mussel-ci! Il était off.
Fishmonger: Comment vous savez?
Client: Avec l'impacte du cooking, les moules normales s'expandent. Un moment elles sont fermées – le prochain, elles sont ouvertes. Mais ce petit blighter est resté tight shut. Donc, il est off. Il est mort.
Fishmonger: Monsieur, vous avez là tout le mystère de la nature. Dans le midst de la vie, nous sommes entourés par la mort. Qui peut prédire la fin des choses? Dans la mort de ce petit mussel, vous avez le microcosme de l'univers. Vous avez aussi, sans doute, une petite tragédie pour son papa et sa maman … Mais les mussels ne sont pas, je crois, très family-minded.
Client: Très philosophique, sans doute, mais vous avez aussi un rotten bargain. J'ai acheté cette moule en good faith.
Fishmonger: Monsieur, c'est le way du world. Le wrong numéro au téléphone. C'est la même chose. La lettre dans votre

mail qui est pour un total étranger. La pièce de monnaie dans votre poche qui est un Irish penny, ou un quarter Canadien. Le monde n'est pas parfait, monsieur. Mais c'est plus intéressant comme ça.

Client: Vous avez une mentalité très réflective pour un fishmonger.

Fishmonger: Ah non! Nous sommes *tous* comme ça. La contemplation des fruits de la grande océan est très instructive. Saint Pierre était un fishmonger, vous savez. Il dit: 'J'aime les 99 mussels qui sont sains, mais le 100ème, qui est un peu off, j'aime le plus!'

Client: Il était stupide, alors. Donnez-moi mon money back.

Fishmonger: Voilà, si vous insistez.

Client: Mais c'est un franc belge!

Fishmonger: Monsieur, c'était un mussel belge. La symmetrie de l'univers est quelquefois superbe, n'est-ce pas? Maintenant, scram!

Leçon Six

SUR LES BATTLEFIELDS DE NORMANDIE

Touriste: Excusez-moi ... ?
Fermier: Oui?
Touriste: C'est ici la Ferme de Montmorency?
Fermier: Oui, c'est Montmorency Farm. Pourquoi?
Touriste: Ah! Parce que j'étais ici en 1945!
Fermier: 1945? Ce n'etait pas un bumper year pour le tourisme, 1945.
Touriste: Ah, non – je n'étais pas touriste. J'étais un soldat. Dans le Royal Midlands Light Catering Corps.
Fermier: Ah, oui?
Touriste: Oui. Seulement un teenager, really, Mais j'étais dans l'Invasion de France pour les Allies, et nous avons passé un week ici at la Ferme de Montmorency.
Fermier: Fancy.
Touriste: Et je suis revenu pour une sorte de pilgrimage, really. Un peu de nostalgie.
Fermier: Les choses ont beaucoup changé.
Touriste: Ah oui! En 1945, le farmhouse n'avait pas un roof. Et il y avaient beaucoup de Germans! Mais les Germans sont tous disparus.
Fermier: Non. Les Germans sont tous revenus. En capacité de touristes, vous savez, comme vous.
Touriste: Ah, oui ... ? Dites-moi, vous étiez ici, en 1945?
Fermier: Non, non. Je suis born en 1953. Mais mon père était ici.
Touriste: Un petit chap? Avec une moustache? Une paire de dungarees bleus? Nom de Jacques?
Fermier: Oui, c'est mon père.
Touriste: Où est-il maintenant, I wonder?

Fermier: Dans le living-room.

Touriste: Non!

Fermier: Oui. (*A haute voix.*) Papa! Il y a un touriste anglais ici! Il dit que vous êtes des amis de 1945!

Voix (*Offstage*): De quoi il a l'air?

Fermier: Comme un travelling salesman, avec une barbe goatee.

Voix: Mon Dieu, c'est Reggie! (*Entre Papa*) Oui, c'est Reggie, du Light Catering Corps!

Touriste: C'est Jacques! Goodness gracious. Quel petit monde!

Papa: Vous avez la marmalade?

Touriste: Quelle marmalade?

Papa: Vous ne vous souvenez pas? En 1945, vous disiez toujours: 'Frank Cooper's marmalade est très spécial. Après la Guerre, je vais rentrer avec un pot.'

Touriste: Non, je ne l'ai pas. Mais avez-vous mon corkscrew?

Papa: Quel corkscrew?

Touriste: En 1945, je vous ai prêté un corkscrew pour quelques minutes. Où est-il?

Papa: Ah, ça! Après 50 années, vous insistez sur un corkscrew!

Touriste: Apres 50 années, vous dites: 'Où est ma marmalade?'! Vous êtes un vieux skinflint!

Papa: Et vous, vous êtes un ingrat! Quittez ma maison!

Touriste: Volontiers, monsieur! Au revoir et bonne riddance!

Leçon Seven

DANS L'ART GALLERY

Visiteur: Excusez-moi, monsieur …
Attendant: Oui?
Visiteur: … mais je cherche le Locatelli.
Attendant: Gents ou Ladies?
Visiteur: Non, Locatelli (1571-1640) est un peintre. Je cherche son *Virgin Mary avec le bébé Jesus et Saint Matilde.*
Attendant: Pas ici, mate. Vous avez tiré un blank là.
Visiteur: Mais votre galérie est fameuse pour ce Locatelli! J'ai voyagé 500 kilomètres pour le voir.
Attendant: Moi, j'ai voyagé chaque jour 10 kilomètres de Stanmore, depuis 1981. C'est environ 100,000 kilomètres. Mais je ne connais pas ce Locatelli bloke.
Visiteur: C'est un grand painting, avec la mère et le bébé, et Matilde dans le background, qui arrange les swaddling-clothes.
Attendant: Ah, oui! Maintenant je suis avec vous. C'est *Single Parent Family avec Au Pair Girl.*
Visiteur: Pardon?
Attendant: Comprenez bien. Se vous êtes un attendant ici, la monotonie est dreadful. Ainsi nous inventons des noms pour les paintings. C'est un jeu, really.
Visiteur: Ah.
Attendant: Par exemple, le painting là-bas.
Visiteur: *Les Sabine Women*?
Attendant: Pour nous, c'est *Desperate Housewives*. Le bloke avec le beard, Le Van Dyck, c'est *Portrait d'Osama*. Le seascape de Turner …
Visiteur: Le fishing-boat en toutes sortes de trouble?
Attendant: Oui – c'est *Britain's Polaris Fleet.*
Visiteur: Hmm. Le still life là-bas, avec fruits etc?

Attendant: C'est *Cafeteria Lunch*.
Visiteur: C'est vraiment boring ici, avec toutes ces materpieces?
Attendant: Vous ne kiddez pas. Par exemple, nous improuvons les paintings un peu, quand il n'y a pas de public.
Visiteur: Vous *improuvez* ... ?
Attendant: Oui. Vous voyez le Van Gogh là-bas, *Table, Chaise et School Satchel*?
Visiteur: Oui ...
Attendant: Originellement, c'était *Table et Chaise*. Mais mon mate, Bert, a dit: 'C'est un peu flat comme ça, un peu bed-sit.' Ainsi il a fait le school satchel. Maintenant c'est plus homey. Il est très nifty avec les school satchels.
Visiteur: Really?
Attendant: Oh oui. Il y a maintenant un *Guitare et Satchel* de Picasso, *Trois Dames Nues avec Satchels* de Rubens et un *Melting Satchel* de Dali. Anyway, votre Locatelli est dans Chambre XIV.
Visiteur: Le ... *Single-Parent Family avec Au Pair Girl*?
Attendant: Actuellement, c'est maintenant *Le Single-Parent Family avec Au Pair Girl, Satchel et Bouteille de Coke*.

Leçon Eight

DANS LE DOLPHINARIUM

1er Dolphin: Beaucoup de gens aujourd'hui.
2ème Dolphin: Oui. Bank Holiday, peut-être.
1er: Traffic jam sur le M3.
2ème: Dernière minute rush à la coastline.
1er: Petits enfants malades dans le back de la voiture.
2ème: Ça, c'est leur idée de fun?
1er: C'est une race intelligente, homo sapiens?
2ème: Homo quoi? (*Chorus de laughter maritime.*)
1er: Nasty jour aujourd'hui.
2ème: Pourquoi nasty?
1er: Rain. Pluie. Squalls. Des averses. Le downpour occasionel.
2ème: C'est beau, ça! Nous sommes wet tout le temps! Ce que je déteste, c'est le soleil.
1er: Oui, mais pour les homo sapiens sur leur Bank Holiday, c'est un dommage, really. Un jour libre, et c'est umbrella time.
2ème: Vous avez trop de sympathie pour les humains.
1er: Non, mais regardez leurs features. Ils sont misérables.
2éme: Ils sont toujours misérables, rain ou shine.
1er: Regardez celui à droite. Le bloke avec la moustache et le baldness problem.
2ème: So quoi?
1er: C'est un visage tragique, presque Shakespearien. C'est un visage qui a souffert.
2ème: Absolu balderdash. C'est le visage d'un manager de banque.
1er: Et tu ne crois pas qu'il y a du suffering pour le manager d'une banque? Chaque jour, un pauvre diable lui vient et dit: 'Monsieur, prêtez-moi de l'argent pour commencer un unisex coupe 'n' souffle haircut salon,' et le bankman dit: 'Je

suis extrêmement regretful, but NatLloyd a fait un profit de seulement £3,600,000,000,000 cette année. Donc, je ne peux pas vous aider.' C'est une tragédie pour le bankman.

2ème: Tu es un cynique.

1er: C'est le spectacle de l'humanité qui me rend ainsi ... Tiens, tu as entendu la nouvelle du Greenpeace bateau en Nouvelle Zélande? Qu'il a été submergé par une explosion?

2ème: Comment tu sais ça?

1er: Sur le grapevine. Ils sont lunatiques, ces humains. Bank Holidays ... bank managers ... warfare écologique ... cuts dans le World Service...

2ème: Quoi! Economies dans le World Service! Ils ne vont pas affecter les broadcasts en Dolphin Talk? C'est le seul programme réliable que je connais!

1er: Je ne sais pas. Tiens, regarde les enfants là-bas. L'un à droite s'appelle Gilbert. Il va tomber dans l'eau. Flop! There he goes!

2ème: Comment tu savais qu'il allait tomber?

1er: Nous sommes télépathiques.

2ème: Ah, oui, c'est vrai. Tiens, tu vois la femme au mackintosh rouge ... ?

(*Etc, etc, ad infinitum, car les dolphins, vous savez, sont des gossips terribles ...*)

Leçon Nine

SUR LE CANAL

Skipper du narrow bateau: Hey! Excusez-moi!
Yokel sur le tow-path: Qui? Moi?
Skipper: Oui. Je suis right pour Birmingham?
Yokel: Birmingham? Blimey, sur le canal?
Skipper: Oui.
Yokel: Ils ont un canal à Birmingham?
Skipper: Oui.
Yokel: Blimey. Je n'ai pas le faintest. Un canal à Brum. Fancy.
Skipper: Oui, well … Suis-je right pour Birmingham?
Yokel: Je ne sais pas. C'est la vague générale direction, mais …
Skipper: Nous sommes sur le Grand Union, non?
Yokel: Le Grand Union quoi?
Skipper: Le Grand Union Canal.
Yokel: Je ne sais pas. Pour moi, c'est le canal. Quands nous parlons du canal, nous disons 'le canal'. Nous ne disons pas, le Grand Junction et Birmingham Canal. C'est une waste de temps.
Skipper: Et si vous allez à Birmingham … ?
Yokel: Je vais dans le train, mate. Ou sur le motorway, si mon fils Neville va aussi à Brum – Neville a un Ford Transit, rien de spécial, mais dans deux heures vous êtes à Birmingham …
Skipper: OK, OK, OK! Je vais réphraser la question. Où va ce canal?
Yokel: Ce canal? Ou va-t-il?
Skipper: Oui. Si vous continuez sur le canal, où arrivez-vous?
Yokel: Au Marquis de Granby.
Skipper: C'est un pub?
Yokel: Bien sûr c'est un pub! Vous pensez que c'est un bloke? Vous pensez qu'il y a un maquis stood là sur le towpath, saying: 'Hey! Je

suis le Marquis de Granby! Visitez mon stately home!'

Skipper: OK, OK, c'est un pub. Je comprends. Et après le Marquis de Granby?

Yokel: Après le Marquis de Granby, je normalement drifte au Working Men's Club, ou peut-être je regarde la TV.

Skipper: Non – où va le canal après le Maquis de Granby?

Yokel: Il va au Black Prince. Puis au Trois Horseshoes. Puis au Chien et Football.

Skipper: Chien et Football? Curieux nom pour un pub.

Yokel: Ce n'est pas un pub. C'est un pet et sports shop.

Skipper: Et après le Chien et Football?

Yokel: Je ne sais pas. Il n'y a pas de pubs là-bas.

Skipper: Merci. Vous avez été très helpful.

Yokel: Merci. Si vous ne trouvez pas Brimingham, revenez demander encore une fois. Je suis toujours ici.

Leçon Ten

LE HANG GLIDING

1er Bloke: Lovely jour pour le gliding.
2ème Bloke: Oui. Bons petits thermals.
1er Bloke: Oui. C'est votre premier go?
2ème Bloke: Ah, moi, je ne le fais pas.
ler Bloke: Ah. Vous êtes ici comme spectateur? Vous espérez voir un death crash? Un ghoul, eh?
2ème Bloke: Oh, non. J'ai un glider ici.
ler Bloke: Il est très petit. Half-size, même.
2ème Bloke: Il n'est pas pour moi.
ler Bloke: Pour qui, alors?
2ème Bloke: Pour mon chien – mon spaniel, Lindbergh.
ler: Mais c'est cruel, attacher un chien à un glider et le lancer dans un void!
2ème: Pas du tout. Il l'adore. C'est vraiment un chien aviateur. Toute la semaine il fait yap yap yap. Savez pourquoi? Parce qu'il attend le weekend et son gliding.
ler: Mais … il est imposible qu'un chien fasse le flying!
2ème: Pas du tout. Rien de plus naturel! Les chiens font le running, et le swimming, et le jumping. Dans la Police, les chiens font le karate et les courses d'obstacles. Dans le circus les chiens montent les bicyclettes et marchent sur les footballs. Dans les nightclubs de Hamburg, les chiens …
ler: OK, OK, j'attrape votre point. Où est Lindbergh?
2ème: Là-bas. Il inspecte les autres gliders. Il est très technique.
ler: Comment il apprend le gliding? I mean, pour un chien, ce n'est pas facile.
2ème: Il a reçu les lessons d'un labrador noir, nom de Reggae. Il a payé avec son pocket money. Il est très indépendant, Lindbergh. Je n'interfère pas avec sa vie privée. Lindbergh!

1er: Il fait d'autres choses aussi?
2ème: Quelques. Le fox-hunting. Le jogging. Le disco. C'est tout. Lindbergh!
1er: Quel chien fantastique.
2ème: Oui, n'est-ce pas? Marquez-vous, il n'est pas le bright member de la famille. Son frère fait le chess et la roulette. Lindbergh, il y a un monsieur ici qui veut regarder votre gliding. Dites-lui Bonjour.
Lindbergh: Yap yap.
2ème: Bon. Maintenant, Lindbergh, allez faire votre gliding. Moi, je serai dans le pub. Si vous venez dans une heure, je vais vous acheter un paquet de crisps, flavour de rabbit.
Lindbergh: Yap. Yap. Yap yap yap. Yap.
2ème: OK, OK – et une bouteille de Doggycham. Bon gliding.

Leçon Eleven

LE WRONG NUMBER

(*Le téléphone sonne. Le monsieur répond.*)
Monsieur: Allô? Oui?
Téléphone: C'est le Plaza Hôtel?
Monsieur: Non. Je suis 9538. Le Plaza Hôtel est 9358.
Téléphone: Vous n'êtes pas le Plaza Hôtel?
Monsieur: Non. C'est 9358.
Téléphone: Comment vous savez cela?
Monsieur: Parce que beaucoup de gens font le wrong number, et je suis le victime.
Téléphone: Sorry, je suis sûr. (*Click. End of conversation. Deux minutes plus tard, le telephone sonne.*)
Monsieur: Allô?
Téléphone: Je veux réserver une chambre pour le weekend.
Monsieur: Je suis un private numéro. Je ne suis pas le Plaza Hôtel.
Téléphone: Comment vous saviez que je voulais le Plaza?
Monsieur: Mon numéro est très similaire au numéro du Plaza. Nous sommes dans une number-identity-crisis-situation. Je ne suis pas un hôtel. Je suis Jack Singleton, un freelance dress designer. Je n'ai pas 546 chambres, tennis court et indoor pool.
Téléphone: Non, mais c'est une joke, non? Vous plaisantez, j'espère? Vous êtes really le Plaza, hein? Look, bookez-moi une chambre pour le weekend.
Monsieur: Non! (*Il remplace le téléphone avec un grand slam. Deux minutes plus tard, le téléphone sonne.*) Oui? Que voulez-vous?
Téléphone: Pouvez-vous me booker … ?
Monsieur: NON! *(Il slam le téléphone. Le téléphone sonne.)* OUI?

Téléphone: Ermmm … Je veux réserver deux chambres pour le weekend …
Monsieur: Vous cherchez le Plaza Hôtel?
Téléphone: Oui …
Monsieur: Alas, monsieur, le Plaza Hôtel n'existe pas.
Téléphone: N'existe pas?
Monsieur: Non. Sunday, nous avions une grande conflagration. Une blaze immense. Brigades de feu de trois counties, etc. C'est maintenant des smouldering ruines.
Téléphone: Mon Dieu. Merci. (*Click. Le téléphone sonne.*)
Monsieur: Allô?
Téléphone: C'est le Plaza?
Monsieur: Hélas, madame, le Plaza est condamné. Malade de légionnaire, vous savez. 34 fatalities yesterday, 56 aujourd'hui. Donc, un closing obligatoire. Merci. (*Click. Le téléphone sonne.*) Bonjour. Le Plaza Hôtel n'existe plus. Nous sommes maintenant un brothel.
Téléphone: Excusez-moi?
Monsieur: Oui. C'est maintenant le Plaza Pleasuredrome ici. Sexy, kinky et fun pour tous.
Téléphone: Jack? C'est toi, Jack?
Monsieur: Mother! Mon Dieu. Look – je peux expliquer tout!

Leçon Twelve

CHEZ LE VET

Vet: Bonjour, monsieur. Vous êtes Monsieur … ?
Monsieur: Spilkins.
Vet: Et votre pet est nommé … ?
Monsieur: Wentworth.
Vet: Curieux. Je pensais, somehow, que vous étiez M. Wentworth et votre pet était Spilkins.
Monsieur: Non.
Vet: Et Wentworth est un chat? Un chien? Un parrot?
Monsieur: Un insecte de stick.
Vet: Un insecte de stick. Bon. Mettez-le sur la table.
Monsieur: Il est déjà sur la table.
Vet: Quoi? Oh, oui! Cette petite chose, je la prenais pour une relique du previous patient. Une porcupine. Well, bonjour, Wentworth. Comment sont les tricks?
Monsieur: Il ne parle pas anglais. Il ne vous comprend pas.
Vet: Bon. Comment sont les tricks avec Wentworth, M. Spilkins?
Monsieur: Il est hors de sortes. Au-dessous de par. Il n'est pas 100%. Il est un poorly petit insecte de stick.
Vet: Hmm … Comment vous savez?
Monsieur: Normalement il est très lively, très mouvementé. Il aime jouer avec les enfants. Il fait semblant d'être un crayon dans leur pencil pot. Mais maintenant il est très … très …
Vet: Sluggish?
Monsieur: Voilà.
Vet: Vous êtes sûr qu'il n'est pas … mort?
Monsieur: Wentworth mort? Ah, non! Il ne me jouerait pas un trick comme ça. Il est lively, mais il n'est pas malicieux.
Vet: Bon. Alors, que diagnosez-vous?

Monsieur: C'est qui le vet, vous ou moi?
Vet: Moi, pour sûr. Mais les insectes de stick sont très rares dans cette localité. En effet, c'est le premier que j'aie jamais vu.
Monsieur: Eh bien, monsieur le vet, croyez-vous possible qu'il a … le dry rot?
Vet: Le dry rot? Dans un insecte de stick? Il est possible, je suppose.
Monsieur: Quel est le traitement?
Vet: Vous lancez un appeal fund. Vous érectez une notice: 'Dry Rot dans L'Insecte de Stick – Donnez Généreusement! Target, £10,000.'
Monsieur: Ou woodworm, peut-être?
Vet: Même traitement. Mais pour commencer, il faut le traiter avec un anti-rot comme Cuprinol. Et s'il a la Maladie d'Orme Hollandaise.
Monsieur: Dutch Elm?
Vet: Oui … s'il a Dutch Elm Disease, il faudra le détruire.
Monsieur: Eliminer Wentworth? Jamais!
Vet: Pour commencer, il faut le stériliser.
Monsieur: Wentworth un eunuque? Jamais! … Pourquoi?
Vet: Pour contribuer une section très intéressante à un livre sur lequel je travail: 'The Craziest Pets I Ever Saw'.
Monsieur: Ah, c'est différent. OK, je donne mon assent à tout.

Leçon Thirteen

AU TAXI RANK

Monsieur: Streatham, svp.
Cabby: Streatham? Sorry, monsieur. Pas un espoir.
Monsieur: Pourquoi pas Streatham?
Cabby: C'est le back de beyond. C'est dans le Wilderness. Je ne trouverai jamais un return fare. Streatham est un non-non, cab-wise.
Monsieur: Mais je suis désespéré, et vous êtes l'unique taxi ici.
Cabby: C'est la vie, mon vieux mate.
Monsieur: OK, OK – je vais vous payer un tarif *double*. Un trip aller-et-retour à Streatham. Vous êtes satisfait?
Cabby: Non. Le samedi soir? Faites-nous une faveur.
Monsieur: Saturday, c'est différent?
Cabby: Blimey, vous êtes un innocent et pas d'erreur. Samedi, c'est pour les yobbos et les piss-artistes et les secrétaires qui sont malades dans mon taxi immaculé. Regardez l'heure: 11.15 pm! C'est la sortie des pubs etc.
Monsieur: Mais je ne sors pas d'un pub! Je viens de laisser un train. L'express de Bristol Parkway à Paddington. Il n'y a pas beaucoup de knees-up à Bristol Parkway, croyez-moi! Et la night-life sur le train est minimal.
Cabby: On peut très facilement se saôuler sur le train. Le mini-buffet sur BR, c'est légendaire pour les piss-ups. Surtout pour les supporteurs de football.
Monsieur: Look! Je ne suis ni supporteur de football, ni night-clubbeur, ni yobbo! Je suis un citizène modèle! Je suis totalement sobre.
Cabby: Ah – vous êtes sobre maintenant, peut-être, mais si vous avez une bouteille dans votre baggage … D'ici à Streatham, c'est toute une histoire.
Monsieur: Oh, mon Dieu … Regardez, si vous m'emmenez à

Lambeth, je vais faire le reste à pied.
Cabby: A Lambeth ... ? Non. Trop court. Lambeth est un wash-out pour un cabby.
Monsieur: Mais vous êtes impossible! Qui voulez-vous prendre comme passager? Vous êtes contre tout le monde?
Cabby: Basiquement, oui. Saturday night est no-go night. Je prendrais peut-etre – *peut étre*, mind – une réligieuse d'une ordre très respectable. Une Soeur de Charité, quelque chose comme ça.
Religieuse (*qui emerge de nowhere*): Monsieur, je suis une Soeur de l'Ordre de Saint Joseph, et je veux aller à Kilburn.
Cabby: Une féministe? Et Irlandaise? Et une *femme seule*? Pas sur votre nelly, si vous excusez mon franglais. *(Il disparaît, bien satisfait avec son night's work.)*

Leçon Fourteen

WITNESS À UN ACCIDENT

(Krash. Tinkle. Ker-splat)
Chauffeur 1: Ah, salaud! Bâtard! Vous avez ruiné mon nouveau Zucchini 1500!
Chauffeur 2: Espèce de crackpot! Regardez les bumpers de mon Ford Bruschetta!
Chauffeur 1: Moi? C'est *moi* qui l'a fait? Ah … ! Monsieur, monsieur!
Passant: Moi?
Chauffeur 1: Oui. Vous étiez là. Vous avez tout vu. Vous êtes witness impartial. Dites-moi comment cet idiot est sorti du turning!
Passant: Mais, je ne suis pas très sûr …
Chauffeur 2: Vous êtes un witness? Vous avez vu qu'il conduisait à 110kph?
Passant: Mais j'étais dans un daydream et je ne savais réellement pas …
Chauffeur 1: Concentrez. J'étais dans le turning. J'avance un peu, avec beaucoup de caution. Et puis, bouf! Krunch, wallop! C'était comme un troupeau de buffalo!
Passant: Je n'ai jamais vu un troupeau de buffalo. J'ai vu, une fois, un bison à Whipsnade. Il était tres misérable. Je ne crois pas qu'il ferait un impact sur votre Fettucine.
Chauffeur 1: Zucchini.
Chauffeur 2: Moi, j'étais une fois à Yellowstone Park. J'ai vu un troupeau de bison. Ils etaient tres féroces, mais ils n'attaquaient que les pique-niques.
Chauffeur 1: Ah, mais un bison, ce n'est pas la même chose qu'un buffalo.
Chauffeur 2: C'est vrai? Je croyais …

Passant: Look! Je suis busy! Au revoir!

Chauffeur 1 & 2: Mais non, vous restez là – vous êtes notre witness! Ah, voilà le fuzz.

Passant: Oh, lor …

Policier: Qu'avons-nous ici? Un petit pile-up, eh?

Chauffeur 1: Officier, j'étais dans le side-turning, je regardais à gauche et à droite, puis j'avancais à 2mph, et puis cet imbecile, a 150mph …

Chauffeur 2: Crétin! J'approchais comme un troupeau de hamsters! Tout doucement.

Policier: OK OK! Et ce gentleman?

Chauffeur 1 & 2: C'est notre witness.

Policier: Bon. Un witness. Nom, monsieur?

Passant: Eeuh … Buffalo. Thomas Buffalo.

Policier: Un moment. Je connais cette voix. Vous êtes familiar. Ah – c'est Big Bert de Stockwell! Vous êtes sur le liste de wanted! Je vous arrête! Je dois vous cautionner …

Passant: OK, OK, c'est un fair cop.

Policier: Messieurs les motoristes, vous avez attrapé un criminel *très* wanted.

Chauffeur 1: Vraiment? Ah. Well, actuellement, je croyais qu'il était suspicieux …

Chauffeur 2: Moi, j'ai sauté de ma voiture et j'ai fait un arrêt civil.

Passant: Quoi? Mais ce n'est pas vrai!

Policier: Maybe. Mais vous n'avez pas un witness, vous.

Leçon Fifteen

CHEZ LE GÉNÉALOGISTE

Le Family Expert: Bonjour, monsieur! Et vous cherchez … ?
Monsieur: Mon family tree.
Expert: Votre nom est … ?
Monsieur: Jack Smithers. Mon père était Raymond Smithers, un natif de Burton-sur-Trent.
Expert: Vous connaissez le nom de votre père. C'est un start. Et son père?
Monsieur: Son père? Umm … Grandpa.
Expert: Grandpa Smithers?
Monsieur: Je suppose, oui.
Expert: Et il venait de Burton?
Monsieur: Non. Il venait de Lagos.
Expert: Ah! Il était … noir?
Monsieur: Non, non. Il était merchant seaman. Il avait aussi un parrot, nom de Billy. Billy venait de Guyana.
Expert: Vous voulez aussi le family tree de Billy, le parrot?
Monsieur: Non, non. La ligne est maintenant extinct.
Expert: Bon. Maintenant, pour investiguer votre family tree, il faut aller à Merchant Navy House, Records Division, et chercher.
Monsieur: Chercher quoi?
Expert: Smithers.
Monsieur: Ah! Merci, monsieur.
(*Exit. Enter un nouveau customer.*)

2ème Monsieur: Monsieur l'expert. Je m'appelle Arthur Smithers.
Expert: Ah! Et votre père est Raymond Smithers, de Burton-sur-Trent?
2ème: Non, C'est mon Uncle Ray. Comment vous le savez?
Expert: C'est mon job. Et vous avez un grand-père, Grandpa Smithers, avec un parrot nommé Billy?
2ème: Non.
Expert: Comment non?
2ème: Le parrot était Wilberforce.
Expert: Avec nickname Billy. Allez à Merchant Navy House – là, vous trouverez votre long-lost cousin, Jack. (*Exit.*) Et le next! (*Entre le next.*) Et votre nom?
3ème: Richard Rodney Montmorency d'Auberon Waugh Smithers. J'ai tracé mon family tree jusqu'à Louis, Earl Smithers (1055-1090). Mais qui était *son* pere?
Expert: Hmm. J'ai la réponse ici, dans cette volume: *Liste des Blokes qui sont Arrivés Avec William le Conquérant*. Smithers … Smithers … aah! Votre ancestor était Nicolas Smithers. Il était un merchant seaman en 1066.
3ème: Un merchant seaman? Oh my God!
Expert: Et il avait un parrot nommé Gilbert. Bon. Et le next? (*Exit Richard. Enter un parrot.*)
Parrot: Allô, allô, allô. Je m'appelle Gaspard. Je cherche le family tree. Blimey, vicar! *(Etc …)*

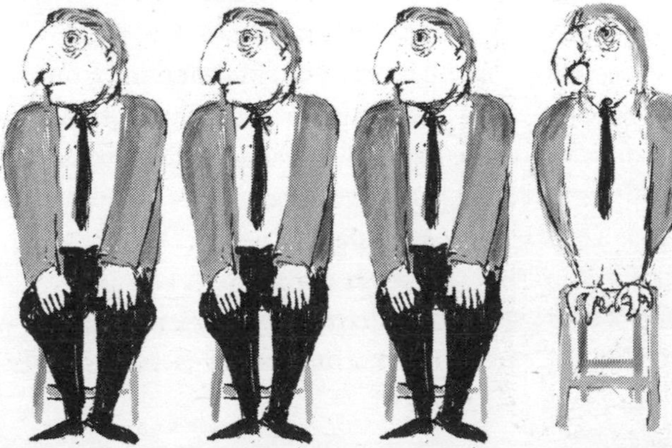

Leçon Sixteen

DANS LE PARC

Homme (*dans le lac*): Help! Help!
Parkman: Hey! Vous!
Homme: Oh, Dieu merci! Enfin, la rescue! Aidez-moi!
Parkman: Il y a un grande signe là, mate. Pouvez-vous lire?
Homme: Vite, pour l'amour de Michael! Je suis dans une drowning situation.
Parkman: Il dit: SWIMMING POUR LE PUBLIC COMMENCE EN AVRIL.
Homme: Oui, oui, je sais …
Parkman: Et maintenant nous sommes en quel mois? Eh? Mars, voilà quel mois!
Homme: Je ne fais pas le swimming! Je fais le drowning! Je suis incapable de nager! Help!
Parkman: Incapable de nager, eh? Oh dear, oh dear, vous n'avez pas lu le small-print. Regulation 3, sub-section (a): 'Les non-swimmeurs n'ont pas le droit d'entrer dans le lac pour les sportes aquatiques.' En anglais simple, vous trespassez. Maintenant, scram!
Homme: Je ne peux pas. Mon pied est fixé dans une branche morte au fond de l'eau!
Parkman: Je vois, je vois. Alors vous contravenez trois régulations. 1) Vous faites les sports aquatiques dans l'off-saison. 2) Vous refusez à laisser l'eau après une commande par un parkman officiel, c'est-à-dire moi. 3) Vous interférez avec un morceau de property du parc municipal, i.e. bois, une branche de.
Policier: Qu'est-ce que c'est si passe ici, alors?
Parkman: Ah, M. le fuzz. C'est un bloke qui trespasse. Il refuse à sortir de l'eau.
Homme: Non! Ce n'est pas vrai. Mon pied est fixé! Je suis en maximum danger de mourir!

Policier: Nous sommes tous en danger de mourir, monsieur. Comme dit le Vieux Testament: 'Qui peut forecaster le jour de sa mort? Le Grand Obituariste dans le Ciel choisit sa victime dans le twinkling d'un oeil.'

Parkman: Il dit cela dans le Vieux Testament?

Policier: Plus ou moins. C'est un précis. Mais le message est clair.

Homme: Look! Je suis en plus danger de mort que vous. Aidez-moi!

Policier: Sorry, monsieur. Je suis un policier de la terre. Il vous faut un agent naval. Au revoir, tous. (*Il part.*)

Parkman: Monsieur, je dois vous demander de rester immobile. Vous dérangez le wild-life. Nous avons beaucoup de canards, mallards, etc, ici. Ils sont valables.

Homme: Ah! Et ma vie, elle n'est pas valable? Eh?

Parkman: J'assume que vous êtes insuré?

Homme: Oui, mais ...

Parkman: Eh, voilà. Vous êtes dans le clair. Pas de problème. Tenez, regardez l'heure. Je suis off-duty maintenant.

Homme: Mais ...

Parkman (*en la distance*): Et n'oubliez pas! Le parc ferme dans une heure, à 1700! Après cela, vous payez un penalty! C'est votre warning final!

Leçon Seventeen

L'ARTS SPONSORSHIP

Le bureau du boss de Multi-World. Le buzzer sonne.
Boss: Oui?
Intercom: C'est M. Blitz pour vous voir...
La porte s'ouvre. Entre le dynamique M. Blitz.
Blitz: M. Blitz ici. Vous êtes le boss de Multi-World?
Boss: Oui, mais ...
Blitz: Je suis ici pour transformer votre compagnie! Maintenant, vous êtes un boring, run-of-the-moulin, interglobal firm. Mais avec moi, vous serez un patron des arts! Un symbole de culture!
Boss: Ah, non, ah, non! Vous êtes encore un rep de l'Arts Council!
Blitz: Pas du tout. Je suis un spokesman pour le Midway Theatre Group. Donnez-nous £50,000 et vous serez un homme heureux.
Boss: Look, sunshine. Chaque jour j'ai des spokesmen pour les arts dans mon bureau sur la scrounge. £50,000 pour un théâtre, £100,000 pour le ballet, £1m pour un Vincent van Loony. Je dis toujours: scram!
Blitz: Moi, je suis différent. Si vous donnez £50,000 pour la production de *Charlie's Tante* par Midway Theatre, je vous donne un walk-on part!
Boss: Quoi?
Blitz: Oui, vous pouvez jouer un role minuscule mais satisfaisant, comme le manservant. C'est un caméo, mais un caméo brillant.
Boss: *Moi?* Jouer un *manservant*?
Blitz: Vous n'avez pas de confiance? Mais si, vous serez superbe! Je vois d'ici les reviews: 'Un tycoon ... et maintenant

un thespien!' ... 'Faites garde à vos laurels, Olivier!'
Boss: C'est ridicule ... mais c'est attractif.
Blitz: Imaginez-vous ... la camaraderie de la Chambre Verte ... le gossip de back stage ... le back-stabbing ...
Boss: J'ai beaucoup de ça à Multi-World.
Blitz: Un kit de make-up personnel. Une costume. Votre photo dans le programme ...
Boss: J'admire votre cheek. OK, d'accord.
Blitz: Bon! Maintenant, le painting ...
Boss: Quel painting?
Blitz: Un painting par mon protégé d'un Royal Jardin Party à Buck House – avec *vous* dans le background!
Boss: OK. Combien?
Blitz: £50,000. Et le ballet ...
Boss: Ah, non! Vous voulez que je danse?
Blitz: Non, non. Mais le Forward Ballet Group présente une nouvelle production, *Le Big Business*. Un ballet interglobal, quoi. Et si on avait 'Multi-World' sur les leotards, £100,000.
Boss: Vous êtes un supersalesman. OK ... Vous ne voulez pas, par hasard, travailler pour Multi-World?
Blitz: Pas du tout. Je suis dans le business sponsorship. C'est ma vie. Et c'est la profession du futur.
Boss: OK. Quand commencent les rehearsals pour *Charlie's Tante?*

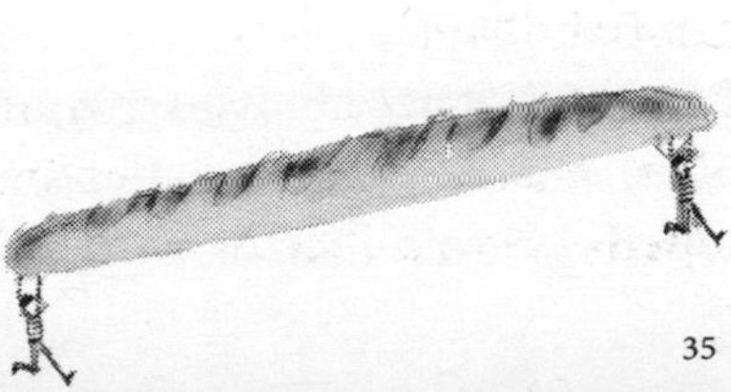

Leçon Eighteen

AU PROM

1er Promenadeur (*qui est un late entrant*): Excusez-moi …
2ème Promenadeur: Sssh!
1er: Mais …
2ème: SSSH!
1er: Non, mais c'est ici la Salle d'Albert?
2ème: Oui, vous avez ici l'Albert Hall. Maintenant, ferme ton gob.
1er: Et c'est le Prom?
2ème: Oui. C'est un Prom Concert. C'est l'Orchestre Philharmonique de Buenos Aires, sous son conducteur Claudio Galtieri. Anything de plus?
1er: Non, c'est super. Vous êtes un brick. (*Pause. Musique etc*) Tum-ti-tum-ti-tum … C'est beau, n'est-ce pas?
2ème: Quoi?
1er: La musique.
2ème: Oui, elle est belle, la musique. Vous allez continuer ce nattering pendant tout le concert?
1er: Si vous voulez.
2ème: Je ne veux pas!
1er: Bon. Je suis facile. (*Pause. Il fait du fidgeting.*) Comme une matière de fact, c'est quoi?
2ème: Quoi, c'est quoi?
1er: La musique. La sélection qu'ils jouent. Ce prom-prom-prom-tiddley-om-prom-prom. Ce joli number quoi?
2ème: C'est la *Symphonie Fantastique*.
1er: Oui, fantastique, n'est-ce pas? Mais comment s'appelle-t-elle?
2ème: C'est la *Symphonie Fantastique* de Hector Berlioz. *Symphonie Fantastique* c'est le nom de la symphonie. Hector Berlioz, c'est le nom du compositeur.

1er: Bon … Un nom ridicule, si vous me demandez.
2ème: Quoi, *Symphonie Fantastique*?
1er: Non, Hector.
2ème: Look, mister. Je suis ici pour l'appréciation de la musique. Vous aussi, sans doute.
1er: Non.
2ème: Quoi? Non!
1er: Non. Je suis un hall-tuner. Je suis ici pour le checking de l'acoustique.
2ème: Un *hall-tuner*?
1er: Correcte. Je suis comme un piano-tuner, mais avec moi c'est les halles. Nous expérimentons avec les écho-suppresseurs. Je suis ici ce soir pour écouter un peu avec une audience.
2ème: Alors, écoutez, bon Dieu!
1er: Non, mais vous savez que les piano-tuners, ils n'aiment pas la musique? C'est comme ça avec moi. Ce Hector Bellows, je m'en fous. Je suis ici pour l'acoustique, pas pour la musique.
2ème: ET MOI, JE SUIS ICI POUR LA MUSIQUE!
Tout le monde: Sssh! Chut! Vandale! Philistin! Critique de musique … ! *(Etc …)*
1er: Maintenant vous créez une disturbance. Pauvre show, vieux fellow.
2ème: Ah, c'en est trop! Je vais au bar!
1er: Bonne idée. Je vous accompagne. Old Hector Barlow, il est un peu fortissimo pour moi. Un Scotch pour moi, vieille fruit.

Leçon Nineteen

CHEZ LE SCULPTEUR

Monsieur: Bonjour. Je désire un bust de ma femme.
Sculpteur: De votre femme? Monsieur, mes condolences. Quand est-elle morte?
Monsieur: Elle n'est pas morte. Elle est vivante et kicking. Pourquoi?
Sculpteur: Je suis un sculpteur monumental. Je spécialise dans les gravestones. Des anges qui pleurent, weeping willows, stuff comme ça.
Monsieur: Hmm. Mais vous pouvez faire un bust d'une personne vivante?
Sculpteur: Difficile. Mais pas impossible.
Monsieur: Bon! C'est un cadeau pour son birthday.
Sculpteur: Charmant. OK – demandez à votre femme de venir ici pour un sitting.
Monsieur: Ah, non. C'est un cadeau *surprise*. Au matin de son birthday, je veux que le bust soit là, sur la table de breakfast, dans le natty wrapping paper!
Sculpteur: Vous voulez que j'improvise? Que je fais un Henry Moore-type blob?
Monsieur: J'ai des photos ici, chacun un très bon likeness de ma missus.
Sculpteur: Hmm. Ses specs vont présenter un problème.
Monsieur: Maintenant elle porte des lens contactes.
Sculpteur: Mais enfin, un photo est 2-D, et un bust est 3-D. Il faut que je la voie.
Monsieur: C'est difficile. Si je l'amène à un studio de mason monumental, elle va penser que j'envisage un bid sur sa vie, et que je prépare le headstone.

Sculpteur: J'ai une idée. Si vous m'invitez à dîner. Vous dites à votre femme: 'J'ai un ami qui vient manger ce soir, un M. Rugglesworth qui est un business crony.' J'arrive, je mange et je lui donne le once over. Je bois un café, je fume une cigare, je scarpère.

Monsieur: Ma femme n'aime pas la fumée de cigare.

Sculpteur: OK. Pas de cigare. Et Mrs Rugglesworth peut m'accompagner.

Monsieur: OK. Maintenant les détails.

Sculpteur: Bon. Avocado pour commencer, puis fillet steak, puis ...

Monsieur: Non. Les détails de finance.

Sculpteur: Bon. £2,000.

Monsieur: C'est une fortune!

Sculpteur: Oui, mais pensez bien. C'est un investment. Quand votre femme est finalement morte, vous aurez déjà un headstone, libre, gratis et pour rien!

Monsieur: Hmm. OK.

Sculpteur: Incidentalement, je suis Jim. Si je suis un vieux business crony, il faut m'appeler Jim. Et ma femme est Rhoda.

Monsieur: OK. Au revoir ... *Jim*.

Sculpteur: Au revoir, vieux buddy.

Leçon Twenty

LE DRIVING TEST

Examinateur: Bon. Le test est nearly terminé.
Candidat: Bon.
Examinateur: Vous vous acquittez très bien. L'emergency stop était effectif, même mélodramatique. Le trois-point turn était très bon, considérant que c'était sur la Circulaire du Nord en rush hour. Le parking sur le double yellow était impressive. Mais c'était une marque noire quand vous avez crié au pédestrien: 'Dozy bastard!'
Candidat: Oh. Sorry.
Examinateur: Pas du tout. Entre vous et moi, il était un dozy bastard. Anyway, c'est le seul blemish sur un test immacule.
Candidat: Gosh. Je suis mort chuffed.
Examinateur: Maintenant je vais vous poser une token question sur la Code de Highway. Si vous êtes sur une double yellow et vous voyons l'approche d'une warden personne, quelle est votre course d'action?
Candidat: Je lui dis: 'Madame, je suis guilty. Je suis pénitent. Mais bookez-moi.'
Examinateur: Absolument correcte. C'est la théorie. Et que faites-vous en real life?

Candidat: Je saute dans ma voiture et je m'en vais comme les clappeurs.

Exminateur: Absolument correcte.

Candiat: Donc, j'ai passé le test?

Examinateur: Pas quite. Il y a encore une chose. L'Emergency Motorway Pile-up.

Candidat: Vous what?

Examinateur: Quand vous êtes un driver, il est probable que vous serez involvé dans un moment de motorway madness. Je vais vous tester pour ce moment.

Candidat: OK. OK.

Examinateur: Donc, je vous demande d'aller sur le M1, traverser la réservation centrale et manoeuvrer parmi le traffic qui vient dans l'autre direction.

Candidat: QUOI? Vous voulez que je ... ?

Examinateur: Précisément.

Candidat: Mais vous êtes fou! Vous êtes cinglé! Vous êtes autour du twist! Vous êtes un vieux crankpot! Vous avez perdu vos marbles!

Examinateur: Monsieur, je ne crois pas qu'un candidat qui insulte son examinateur improuve ses chances.

Candidat: Mais vous m'invitez à une mort certaine! Double mort – vous et moi!

Examinateur: Ah non. Moi, je ne serai pas dans la voiture. Je vais me positionner sur le hard shoulder pour regarder.

Candidat: Monsieur, je suis sorry mais je refuse.

Examinateur: C'est votre réponse finale?

Candidat: Oui. Je suis solide sur ceci.

Examinateur: Excellent! C'est la réponse correcte. Un bon driver est un driver qui résiste aux suggestions suicidales. Vous avez passé. Et vous êtes la première personne qui ait passé aujourd'hui.

Candidat: C'est vrai?

Examinateur: Oui. Tous les autres ont accepté mon invitation de traverser la réservation centrale. C'est triste, really.

Leçon Twenty-One

DANS LE JARDIN

Lui: Mon Dieu. J'ai un hang-over terminal.
Elle: Je ne suis pas surprisé. A la saison festive, tu as mangé et bu comme un cochon.
Lui: Oui, je sais. Maintenant, je suis pénitent, et je cherche une antidote.
Elle: Le travail, c'est la seule antidote! Va faire quelque chose dans le jardin. Quelque chose de strénueux.
Lui: Le jardin? Mais le jardin est un no-go area.
Elle: Pourquoi?
Lui: Nous sommes au mois de janvier. Rien ne se passe. Si les choses ne sont pas en hibernation, elles sont mortes. Laisse le jardin tranquille.
Elle: Mais il est prime time pour la manure! Maintenant il faut donner une dose de manure au veg patch. Un peu de digging va purifier ton bloodstream!
Lui: Oh lord. Mais nous n'avons pas de manure, et les centres de jardins sont fermés.
Elle: Nous avons un heap de compost!
Lui: Tu as raison. Je vais regarder si le compost est prêt. Un compost dans le jardin, c'est un peu comme un cellar de bons vins. (*Il disparaît. Il revient dans cinq minutes.*) Non, le compost n'est pas prêt. D'ailleurs, il est plein de branches et vieilles boîtes de cardboard.
Elle: Ce n'est pas le compost, idiot – c'est le bonfire!
Lui: Oh. (*Il disparaît. Il revient dans cinq minutes.*) Cette fois, j'ai trouvé le compost. Oui il est prêt. Mais je ne peux pas travailler là.
Elle: Pourquoi pas?

Lui: A cause du pong. Mon Dieu, le stench est terrible. Il me rend plus malade que jamais.
Elle: C'est ton lucky jour – ce matin, dans un drawer, j'ai trouvé ce vieux nose-clip. Il est très simple à attacher.
Lui: Un nose-clip? Pourquoi tu as un nose-clip dans un drawer?
Elle: Il appartenait à mon oncle Bob, qui était inspecteur de drainage.
Lui: Ah. Bon. (*Il met le nose-clip. Il disparaît. Il revient dans cinq minutes.*) Jeung peung pang treuveung leur feurhhe...
Elle: Je ne te comprends pas avec ce nose-clip. (*Il ôte le nose-clip.*)
Lui: Je ne peux pas trouver le fork ni le spade.
Elle: Ils sont dans le potting-shed, où tu viens de les cacher.
Lui: Comment tu sais ça?
Elle: Je t'observais de la fenêtre upstairs.
Lui: Bon. (*Il disparaît. Il revient dans cinq minutes.*) Je suis knackered. Je vais faire le compost cet après-midi.
Elle: Et ton exercise, eh?
Lui: J'ai fait 20 minutes de walking ce matin, woman!

Leçon Twenty-Two

DANS LE DUTY-FREE

Lady en Duty-Free Uniforme: Bonjour, monsieur!
Voyageur: Pardon?
Lady: Puis-je vous intéresser en notre giant packet de 2,000 Malboro? C'est notre spécial pour novembre!
Voyageur: Non, merci.
Lady: Pourquoi pas?
Voyageur: Parce que je ne fume pas.
Lady: Ce n'est pas nécessaire! Achetez-le pour un ami!
Voyageur: Tous mes smoking amis sont morts.
Lady: Oh. Well, what about notre autre spécial du month – un giant hip-flask de Glen Porringer, le malt whisky qui est comme satin!
Voyageur: Je ne peux pas porter une bouteille comme ça. Elle est aussi grande que le Cénotaph.
Lady: Oui, mais c'est un bargain terrifique!
Voyageur: Oh, vraiment? Expliquez–moi comment c'est un bargain.
Lady: Well, dans le High Street vous payez £22.50 pour un bouteille comme ça. Ici, ça coûte seulement £14.99!
Voyageur: Erreur. Dans le High Street on ne voit pas de monster bouteilles comme cette excrescence. Dans le High Street vous avez des bouteilles d'un sensible size. Dans le Duty-Free vous avez seulement les bouteilles avec elephantiasis. C'est grotesque.
Lady: Oui, mais c'est un bargain! Ici, il n'y a pas de duty.
Voyageur: Le duty, sur le whisky, est sur average 70% ou 80%. Si vous removez le duty from le whisky, vous avez une réduction de 70% ou 80%. Mais votre réduction est seulement 40%, roughly. Où va l'autre 40%? En thin air?

Lady: Monsieur, je ne sais pas exactement …

Voyageur: Eh, bien, moi je sais! Il va directement dans la poche du Heathrow Airport Authority, ou British Rip-Off, ou whatever est le nom! Dans le High Street le profit margin est minimal. Ici, dans l'aéroport. C'est un whacking grand profit margin. Vous faites une fortune ici dans le Duty-Free.

Lady: Pas moi personellement, je vous assure …

Voyageur: Ah, non, pas vous. Vous êtes seulement le tool de vos employeurs capitalistes, vous êtes seulement un cog dans une wicked machine.

Lady: Moi? Un cog?

Voyageur: Et vous avez une très silly costume aussi. 'Hello, I'm Heathrow Harriet!' Ah, c'est dégoûtant!

Lady (*qui commence un weeping fit et un petit nervous breakdown*): Ah, ce n'est pas fair! Vous êtes un monstre! Oh, c'est terrible! Vite, brandy, brandy … !

Voyageur: Brandy? Où, brandy?

Lady: (*avec un quick recovery*) Ici, monsieur!

Seulement £12.00 pour une juggernaut bouteille – c'est un spécial offer!

Leçon Twenty-Three

DANS LE RÉFÉRENCE LIBRARY

Librarienne: Bonjour, monsieur. Vous cherchez le knowledge? Nous avons le knowledge. Les secrets du monde sont ici.
1er Client: Yes, well, j'ignore les workings d'un référence library …
Librarienne: Philosophie là, histoire là, géographie là, réligion là.
1er Client: Et les directoires de téléphone?
Librarienne: Pardon?
ler Client: Je cherche un numéro de téléphone. A Hawaii. Vous avez les phonebooks?
Librarienne: Ils sont là. C'est votre unique request? Vous n'avez pas un yen à consulter Spinoza?
ler Client: Spinoza? C'est en Italie, ou quoi?
Librarienne: Oubliez-le. Next! Bonjour, monsieur. Vous cherchez le knowledge?
2ème Client: Oui. Le knowledge des trains entre Didcot et Bath.
Librarienne: Nous ne sommes pas un travel agency, monsieur.
2éme Client: Ne jouez pas le stuffed shirt avec moi, missy. L'ABC des trains est un référence work.
Librarienne: Je déteste votre attitude, mais avec reluctance j'admets que vous avez raison. Là-bas, avec les brochures de bargain break. Et le next!
3ème Client: Je cherche un numéro de phone a Hawaii.
Librarienne: Joignez la queue là-bas. Et le next!
4ème: Je fais des recherches sur l'histoire de Brunel.
Librarienne: Ah, enfin! Un request intélligent. Expliquez-moi la nature de vos récherches.
4ème: En bien, vous savez que Brunel était l'engineer du

Grand Railway de l'Ouest? Et que par sa large gauge il a joigné le port important de Bristol avec le spa Georgien de Bath, les villes industrielles de Didcot et Swindon à la suburb florissante d'Ealing?

Librarienne: Oui, oui. Continuez.

4ème: Eh bien, je veux savoir le timetable de trains entre Didcot et Bath.

Librarienne: Ha ha sacré ha. Joignez la queue là-bas. Non – ça, c'est la queue de Hawaii. L'autre. Et le next! Vous cherchez le knowledge, monsieur?

5ème: Sort of. J'ai cet ami à Hawaii qui vient passer ses vacances en Angleterre, et il est très keen sur les trains, so …

Librarienne: Vous avez une choix de queues, monsieur, là et là. Et le next! Vous avez un soif de knowledge, monsieur, par hasard?

6ème: Oh oui, absolument. Je suis un contestant dans Mastermind.

Librarienne: Fantastique! Et vous avez choisi ce library pour vos recherches?

6ème: Absolument.

Librarienne: Et vos sujets spéciaux?

6ème: L'expansion des railways dans l'ouest d'Angleterre, et l'histoire du Hawaii.

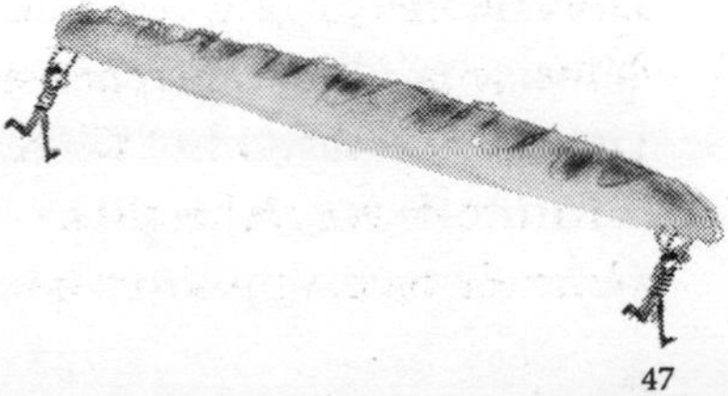

Leçon Twenty-Four

DANS LA MAIN LIGNE STATION

Loudspeaker: Attention, svp. Brrrrsh Raaal zannonce le départ du 1515.4545 poursche zkz zkz Mazzlechester, Strazzleford-on-Azon. Newcazzleford ezzz Penzazzle. Merzzzi boocoo.

Voyageur: Excusez-moi.

Porteur: Oui?

Voyageur: Cet announcement, que dit-il?

Porteur: Je ne sais pas. Je n'écoute pas le public address.

Voyageur: Moi, j'écoutais, mais je ne comprenais ni head ni tail. Les announcements ici sont *très* difficiles à comprendre.

Porteur: Ils sont impossibles. C'est à cause du vaulted ceiling, vous savez. Quand cette gare fut construite par Sir Gilbert Isambard Buckminster, en 1857, c'était la gare la plus vaste du monde. Mais – et je dis mais avec un capital M – mais, je dis, l'acoustic était aussi le plus ghastly du monde. L'écho de cette station est légendaire.

Voyageur: Oui?

Porteur: Oui. C'est comme un swimpool municipal sur une grand scale.

Loudspeaker: Attenzzzion, zvp. Brrrrsh Raaal zzooont zorry pour le late arrival du 1212.3030 de Zzwanzea, Swizzle, Whizzle et Gozzlefish.

Porteur: Vous voyez? Totalement incomprehensible.

Voyageur: Mais pourquoi … ?

Porteur: Pourquoi? Parce que, en 1867, ils n'avaient pas beaucoup d'expérience avec l'acoustic, except dans les cathédrales. Or, dans une cathédral, un écho est acceptable, n'est ce pas? Le choir, le bishop avec le shaky voice, le wobbly organ, la congrégation qui est toujours five seconds behind … un dodgy acoustic est spot-on pour cela. N'est-ce pas?

Voyageur: Un peu, oui.
Porteur: Alors, ici à la station, on a le même effet. Mais le Lord's Prayer est très différent d'un announcement pour le Flying Scotsman. Dans le Lord's Prayer, il n'y a pas de timetable, de platform numbers – seulement des vagues commitments.
Voyageur: C'est vrai.
Loudspeaker: Attozzion, zap. Brrrrrzzzh Raaal announzze un change de platform. Le 1615.00004 pourz Hazzwizz, Wizzwazz, Whitewazzzh, Hazhizh, et Dogfizzh, va partir de platform *plonk*, inztead de platform *plink*. Le 1616.00004, de platform *plonk*, not *plink*.
Voyageur: Quel platform?
Porteur: Je ne sais pas.
Voyageur: Quel train?
Porteur: Je ne sais pas. Quel train vous cherchez?
Voyageur: Le 14.15, pour Zouzhend. I mean, Southend.
Porteur: Platform 6.
Voyageur: Merci.
Loudspeaker: Le 1414.1515 pourzz Zooouzend va partir de platform zzhizh. C'est platform zzhizh. Merzhzhi.

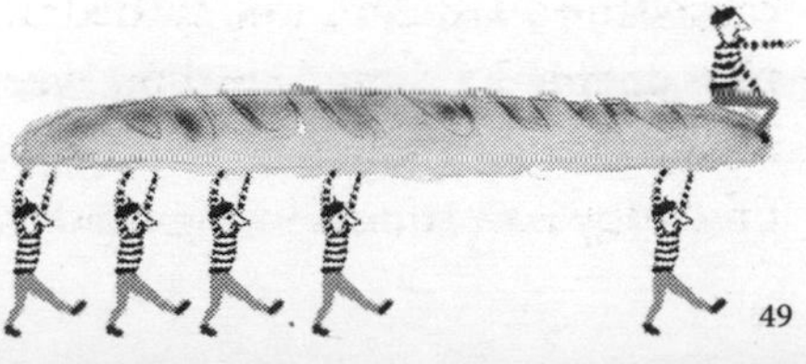

Leçon Twenty-Five

DANS LE LEFT LUGGAGE

Luggageman: Oui, m'sieu?
Monsieur: Je viens à la collection d'un typewriter.
Luggageman: Bon, m'sieu. Vous avez le chit?
Monsieur: Oui, voilà. Je l'ai déposité au weekend.
Luggageman: Bon. Une machine à ecrire, vous dites?
Monsieur: Oui, oui. (*Le luggageman disparait. Il y a un interval de 10 minutes.*)
Luggageman: Sorry. Ce n'est pas là.
Monsieur: *Quoi?*
Luggageman: Votre typewriter. Elle n'est pas là. Il y a un gap sur le shelf.
Monsieur: Mais … où elle est?
Luggageman: Je l'ai vendu ce matin. J'ai trouvé un customer pour votre machine.
Monsieur: VOUS AVEZ QUOI!?
Luggageman: Ne vous excitez pas. J'ai frappé un bargain avec un bloke pour votre Olivetti. Il a payé £50. £25 pour vous, £25 pour moi. OK?
Monsieur: Absolument pas.
Luggageman: OK £30 pour vous. C'est mon offre finale.
Monsieur: Look … C'est monstrueux. Je laisse un object dans le Left Luggage, je reviens et vous l'avez floggé. Vous n'avez pas le droit!
Luggageman: Vous ne comprenez pas. Ici, c'est le Left Luggage, oui. Mais c'est aussi le Lost Property.
Monsieur: Pardon?
Luggageman: C'est une rationalisation de railway. La modernisation, quoi. Le Left Luggage a été amalgamé avec le Lost Property. Nous sommes maintenant le Left & Lost.

Monsieur: Et maintenant vous pouvez …
Luggageman: Vendre tout le left luggage? Oui. La trade est très brisque.
Monsieur: C'est scandaleux.
Luggageman: Oh, non, c'est le progrès. Par example, vous pouvez maintenant acheter un brand-new typewriter. Tenez, j'ai un excellent Adler, beaucoup plus classy que votre Olivetti, seulement £40.
Monsieur: Hmm …
Luggageman: Vous avez £30 déjà. Plus £10? C'est un snip.
Monsieur: Et vous retenez £20?
Luggageman: Evidemment. J'ai fait tout le bargaining, tout le hustling.
Monsieur: Well, OK.
Luggageman: Bon! Un Adler, coming up … Vous ne jouez pas du violon, par hasard? Il y a un M. Perlman qui a laissé un excellent violon ce matin. Seulement £12,000.
Monsieur: Non, merci. je ne joue pas.
Luggageman: Bon. Mais n'oubliez pas – shoppez à British Rail pour les Best Bargains!
Monsieur: Je n'oublierai pas.

Leçon Twenty-Six

DANS L'ENTRE-CITY 125

Passager: A quelle heure nous arrivons à Bristol, M. le fellow-voyageur?
Businessman: A 1835 heures.
Passager: Merci. (*Pause.*) Vous avez un stack de travail là.
Businessman: Quoi?
Passager: Tous ces dossiers, ces reports de marketing, le calculateur …
Businessman: Ah, oui, mon stuff. Oui, je prends mon work avec moi. Memo à M. Prothero dans le Buying Department: Où sont les notepads que vous avez promis?
Passager: Pardon?
Businessman: Je ne vous ai pas adressé, monsieur. Je fais la dictation pour ma secrétaire dans cette digi-dicto-machine.
Passager: Ah.
Businessman: Memo au Chairman: Prothero est un wash-out.

Je racommande l'instant dismissal. Memo au secrétaire social: Arrangez un party de farewell pour M. Prothero.

Passager: C'est curieux, vous savez. Dans la 1ère Classe, tout le monde travaille. Sauf moi. C'est comme le CBI sur wheels.

Businessman: Vous avez quite fini?

Passager: Pardon?

Businessman: Je ne peux pas travailler avec toutes ces interruptions idiotes.

Passager: Oh, là là! Ca, c'est un peu stiff. Si je veux faire le chit-chat, j'ai le droit, non?

Businessman: Non. C'est mon bureau ici.

Passager: C'est votre … ?

Businessman: Exactement. Mon bureau registré à la Chambre de Commerce est Coach C, Seat A8, facing, non-fumeur. Vous êtes dans mon work-space. Je paie les rates et un ticket de saison, et je réclame contre les taxes. Donc, un peu de hush, svp.

Passager: Tenez vos chevaux, monsieur! Je ne suis pas votre employé!

Businessman: Et j'ai aussi les droits de votre seat. Vous êtes, willy-nilly, un collègue inférieur. Je vous donne un ordre. Shut up!

Passager: Ah non, ah non! Vous êtes power-fou! Ah. Voilà le guard. Je vais faire un protest. M. le Guard!

Guard: Oui, monsieur?

Passager: Ce gentleman en face s'imagine qu'il est le boss de ce coach …

Guard: C'est exact. C'est son bureau. Et moi, je suis un fellow-directeur de son firm. Honoraire, mais directeur, néanmoins. Alors, je vous racommande à faire son bidding. Si non, je vous éjecte à Didcot.

Passager: C'est monstrueux!

Guard: C'est notre nouveau policy sur le Businessman Special. Next time, formez une compagnie vous-même, et offrez-moi un directorship. Tickets, svp!

Leçon Twenty-Seven

DANS LE BIKE SHOP

Bikeman: Bonjour, monsieur.
Cycliste: Bonjour, M. le Bikeman.
Bikeman: Vous voulez acheter une cycle? J'ai ici un superbe Calveolotti, avec vingt-quatre gears, tubes d'aluminum, saddle invisible et T-shirt Pernod. Seulement £240.
Cycliste: Non, merci. J'ai déjà une cycle. C'est un Grudge & Humble, trois gears, saddle massive et tubes de solide metal.
Bikeman: C'est grotesque.
Cycliste: C'est idéal pour le traffic à Londres.
Bikeman: Pourquoi pas acheter un tank Centurion?
Cycliste: Bonne idée, mais la consomption de pétrole est excessive. Anyway, mon Grudge & Humble est dur comme un tank.
Bikeman: Bon. Maintenant, coupons le chit-chat et arrivons au nitty-gritty.
Cycliste: D'accord. C'est une question d'un squeak. Non, un squeal. Un squeal dans le système de braking. Est-ce que vous pouvez l'arranger?
Bikeman: Hmm. Vous avez un squeal dans le braking? Et vous voulez l'éliminer?
Cycliste: Non, non. Mon braking est totalement silencieux. Je *veux* avoir un squeal!
Bikeman: Je ne vous comprends pas, squire.
Cycliste: Il est très dangereux sur les rues de Londres, right?
Bikeman: Right.
Cycliste: Les motoristes sont des imbéciles, right? Ils ne font pas attention aux cyclistes, right?
Bikeman: Trop right, squire.
Cycliste: Mais si le cycliste fait un bruit de warning? Un cri de danger? Un signal qui dit: 'Gangway – je viens'? Alors, le

motoriste va faire attention.

Bikeman: Un petit tinkle-bell sur le handle-bar?

Cycliste: Inutile.

Bikeman: Un klaxon?

Cycliste: Une tentation pour le sneak-thief.

Bikeman: Un coup de revolver?

Cycliste: Je ne suis pas un policier. Non, la seule solution – la seule chose qui pénètre le skull d'un motoriste – c'est le squealing du braking. 'Mon Dieu!' il pense. 'Les marques sur mon paintwork! Mon bonus sans claims!' Et il prend l'action évasive.

Bikeman: Hmm. Vous avez un point là, squire.

Cycliste: Bon. Donc, arrangez un bruit agonisant, pénétrant et opératique dans mon braking. Il sera ma protection contre la mort soudaine.

Bikeman: Ne parlez pas comme ça, monsieur. Il tourne mon estomac.

Cycliste: Vous ne prenez pas les précautions sur les rues de Londres?

Bikeman: Moi? Je ne prends jamais ma bike à Londres! Je suis motoriste!

Cycliste: Bon. Alors vous comprenez.

Leçon Twenty-Eight

LA JE-DIS-VOTRE-WEIGHT MACHINE

Monsieur: Ah! Une Je-Dis-Votre-Weight Machine. Quel curieux survival. Je pensais que toutes ces machines étaient sur le scrap heap, along avec Ce-Qu'a-Vu-Le Butler, etc. Je vais insérer 10p, pour le sake des vieux temps. *(Il insère 10p. Rien.)* Oh well. 10p dans le drain.

Machine: Insérez £1, s'il vous plaît. Insérez £1, s'il vous plaît.

Monsieur: Oops. L'inflation, je suppose. *(Il insère £1.)*

Machine: Votre weight est exactement 14 stone, 3 lbs.

Monsieur: So much pour la métrification.

Machine: En autres mots, exactement 90.26 kilogrammes.

Monsieur: Ah! Très impressif.

Machine: Et vous êtes overweight par exactement 8.7 kg.

Monsieur: Oh, merci beaucoup. Des comments personals par une machine, c'est un treat pour moi.
Machine: Vous êtes welcome. N'oubliez pas: éliminez les produits de dairy. Mangez les salades. Et ayez un nice jour!
Monsieur: Vous avez d'autres tricks?
Machine: Vous fumez trop. Votre breath est un peu garlicky. Et votre jacket ne va pas avec votre tie.
Monsieur: Oh, charmant! Chère machine, je n'aime pas particulièrement la couleur de votre paint, non plus.
Machine: Je suis une machine. Je suis indifférent à vos opinions.
Monsieur: Hmm ... Je peux vous poser une question?
Machine: Insérez encore £1.
Monsieur: Bon. Maintenant, dites-moi une chose. Comment est-ce que vous parlez? Révélez-moi le secret de votre vocabulaire, etc.
Machine: Facile. Je suis une expérimentale machine avec un micro-chip. Je fais des reactions à vos voice-patterns. Vous voulez que je dis votre fortune?
Monsieur: Mmm ... OK.
Machine: Votre marriage passe par un rough patch. Votre femme conduit une affaire avec un homme nommé Reg. Vous commencez à frapper la bouteille. Vous devenez un peu paranoid.
Monsieur: Ce n'est pas tout. Aussi, j'ai perdu mon Rolex digimatique.
Machine: C'est dans la poche de votre dressing gown.
Monsieur: Merci. Et vos predictions pour l'ânnée ahead?
Machine: Votre femme va éloper avec Reg. Et bonne riddance. Vous serez promoté dans votre firm. Et si vous ne vous dépêchez pas, vous allez manquer votre train, le 9.32 à Sheffield.
Monsieur: Machine, vous êtes un miracle! C'est OK si je reviens pour un autre petit chin-wag?
Machine: C'est cool par moi. Mais avec un autre jacket, pour l'amour de Mitsubishi.
Monsieur: OK. Ciao.
Machine: Et ne dites pas 'ciao'. C'est très touristique.

Leçon Twenty-Nine

LA RESIGNATION D'UN MINISTER

Cher PM,

Comme vous savez, j'ai servi dans votre Cabinet pour beaucoup d'années, et ils étaient les happiest de ma vie. Oui, j'ai été proud de former partie de votre administration. Mais, alas! Dans les presentes difficultés, il serait better all round si je vous donnais ma résignation. Donc, avec beaucoup de sadness, je laisse votre Cabinet, avec beaucoup de good wishes pour le futur.

votre ex-Ministre

Cher ex-Ministre,

C'est avec un heavy heart et beaucoup de regret que je reçois votre lettre de résignation. Il n'est pas too late pour changer votre mind? Il est too late? Bon. Anyway, vous avez servi votre pays et mon Cabinet magnifiquement, et si vous voulez une job référence pour votre future employment, je suis toujours ici pour le vous donner.

Incidentellement, ces présentes difficultés que vous mentionnez – je ne comprends pas votre référence.

votre PM

Cher PM,

Les difficultés? Oh, pouf – ce n'était rien. C'était merely l'infighting et le back-stabbing de vos autres Ministres, le manoeuvring et la compétition entre vos heirs apparents. Mais tout ça, c'est normal dans un Cabinet! Ils sont des hommes ambitieux, quoi!

Tout de même, c'est une shame que votre Cabinet system est sur le blink. En paralysis. Vous êtes capable de rémédier la situation je suis sûr.

votre ex-Ministre

Cher ex-Ministre,

Vous avez un cheek. Pour les last twelve months, vous avez conduit un campaign de non-stop opposition à moi. Vous avez fait des leaks au Press. Vous avez tourné le Cabinet en une nightmare. Nous sommes bien glad de voir votre back. Maintenant, vous êtes en free fall, sans une parachute! Bientôt, vous allez faire splat sur le landscape.

votre PM

Cher PM,

Oh, c'est mon fault maintenant, eh? C'est toujours vous qui êtes le plaster saint, n'est-ce pas? Well, entre vous et moi, matey, vous êtes pour le high jump. Je vous donne another six months, if that.

votre ex-Ministre

Cher ex-Ministre,

Merci pour votre prédiction. Si c'est comme vos autres prédictions, je vais être dans clover.

votre PM

Cher PM,

Je n'ai pas le spare time pour ce badinage. Répétons que je suis proud d'avoir servi avec vous, et vous assure de mon loyalty perpetuel etc.

votre ex-Ministre

Cher ex-Ministre,

Et je reçois votre résignation avec une profonde mélancholie, etc, etc.

votre PM

Leçon Thirty

DANS LE PRINT SHOP

Printman: Monsieur?
Monsieur: Bonjour. Vous faites le printing de cartes de business?
Printman: Oui – calling cards, business cards, le bang shoot.
Monsieur: Bon. Je désire 100 cartes avec ce wording: 'Roger Graslow, Directeur, Import et Export, Sundry Goods.'
Printman: Je vais faire un order pour vous. Vous êtes M. Roger Graslow …
Monsieur: Non. Je suis Harry Whitgift.
Printman: Mais vous avez dit … ah! L'ordre est pour un ami!
Monsieur: Non. C'est pour moi.
Printman: Tut tut. Vous allez adopter un pseudonym?
Monsieur: Oui. C'est normal en business.
Printman: Pardonnez-moi, monsieur, mais ce n'est pas normal dans *mon* business. Je ne veux pas être party à une déception. Si vous pratiquez un fraud énorme, et le heavy mob vous attrape, et le Sweeney demande: 'Qui fait le printing de ces cartes?' – eh bien, je vais ascendre le Swanee.
Monsieur: Vous êtes trop sensitif. D'ailleurs, je ne suis pas fraudulent. Je ne suis pas même un businessman.
Printman: Un bigamiste?
Monsieur: Non plus.
Printman: Un spy?
Monsieur: Quelque chose comme ça. Look, je suis pressé …
Printman: Besides, 'Import et Export' est un peu naff.
Monsieur: Pardon?
Printman: Si vous voulez adopter un alias, Import et Export est transparent. C'est l'équivalent de Mr & Mrs Smith dans l'hôtel. Pourquoi pas quelque chose un peu Third World,

comme Development Agency, ou Consultant d'Irrigation, ou Trouble-Shooter?

Monsieur: Hmm, possiblement.

Printman: Et Directeur est aussi naff. Tout le monde est un directeur. Donnez-vous une promotion! Vice-President ou Chairman International.

Monsieur: Oui, c'est tempting.

Printman: Tenez, j'ai une idée. J'ai ici un order cancellé. Au commencement de l'année, un bloke a demandé 200 cartes pour 'Greg Trotter, Vice-Chairman, Third World Sports.' Les cartes sont prêtes, mais M. Climpson n'est jamais rentré …

Monsieur: Climpson?

Printman: Oui. C'est le nom du bloke. Petit chap, avec un tic nerveux. Pourquoi?

Monsieur: Climpson est mon prédécesseur dans mon job. Il a été … éliminé.

Printman: Vraiment! Anyway, pourquoi pas prendre ses cartes? Il a payé en avance! Ils sont libres à vous!

Monsieur: Pauvre Climpson. C'était un bon type. Il a été éliminé en Albania. Mon Dieu, et je vais prendre des dead man's cards! C'est un omen …

Printman: Vous allez les prendre, oui ou non?

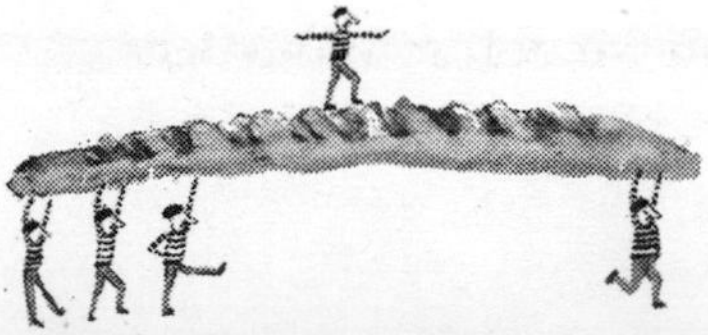

Leçon Thirty-One

CHEZ LE CHIROPODIST

Monsieur: Bonjour, monsieur le chiropodist.
Chiropodist: Bonjour, monsieur. Un peu de tootsie trouble, hein?
Monsieur: Oui. Mons pieds sont ...
Chiropodist: En agonie?
Monsieur: Non. Ils sont ...
Chiropodist: Arthritiques? Prêts pour le 10,000 kilomètres testing? Inextricablement attaché à vos socks?
Monsieur: Non, non. Mes pieds sont fonctionnels, mais j'ai un problème d'overheating.
Chiropodist: Overheating? Ah, vous êtes dans une foot-smell situation! C'est un peu niffy, les pieds, hein?
Monsieur: Comment vous savez cela?
Chiropodist: C'est le problème le plus common du monde. Pas dans le 3ème Monde, évidemment. Les barefoot folk n'ont jamais le foot-rot! Leprosie, scurvy, gangrène, et famine, peut-être – mais foot-fungus jamais! Pas comme dans la so-called civilisation.
Monsieur: Et c'est à cause du fancy footwear?
Chiropodist: Oui! Les pauvres pieds ont une vie terrible dans le contemporary footwear sportif. C'est comme un goldfish dans une test tube.
Monsieur: Ah. Je croyais que j'étais un cas solitaire.
Chiropodist: Non, non. 90% de mes patients souffrent de foot-radiation. A la fin du jour, mon surgery est comme un changing-room de rugby. C'est dégoûtant.
Monsieur: Eh bien, c'est votre choix. Vous avez pris la décision d'être un chiropodist.
Chiropodist: Oui, mais je voulais être un artiste de pieds, un

Prince Charmant de la Chiropodie! Vous savez la Queen? Dans Buckingham Palace, il y a toujours un chiropodist, nuit et jour, dans le corridor, bang next à la bedchamber royale …
Monsieur: C'est vrai! Le footman. Je n'avais pas pensé.
Chiropodist: Anyway, la solution à votre problème est très simple. *Non* au nylon, brylon et rubbish comme ça. *Oui* au coton, linen et tissu naturel. *Non* à l'exercise. *Oui* à une vie sedentaire. *Non* à …
Monsieur: Un moment. L'exercise et le foot-rot vont ensemble?
Chiropodist: Oh, oui. L'exercise produit la perspiration (pardonnez l'expression) et le perspiration produit l'acide et l'acide fait des choses terribles avec les tootsies.
Monsieur: Un moment. Donc, Paula Radcliffe, par exemple, les gens comme ça, qui courent 200 kilomètres par jour – ils ont des problèmes avec overheating des pieds?
Chiropodist: Oh, mon goodness, oui. Leurs socks sont *steaming*. Ils n'ont pas d'amis. Ils sont des pariahs. C'est pour ça qu'ils font leur training tous seuls, dans le back du beyond. Leurs pieds sont … charismatiques.
Monsieur: Oh, wow. C'est un peu triste, ça. Je suis un athlete, moi.
Chiropodist: Oh blimey. Quelle sorte d'athlete?
Monsieur: Ice-skater de longue distance.
Chiropodist: Je regrette, monsieur, mais vos problèmes sont insolubles. L'overheating des pieds … Le sub-zero de la glace … c'est une combination no-go. J'ai seulement une suggestion.
Monsieur: Oui?
Chiropodist: Laissez vos pieds à research scientifique dans votre will. Vous aurez un Prix Nobel posthume. Et le next, please!

Leçon Thirty-Two

LE CARD GAME

Papa: Mon Dieu, je suis bored. Il n'y a rien sur la TV. Je suis fed up avec le pub.
Maman: Je sais quoi! Jouons un card game!
Fils: Ah, non. Un card game n'est pas street-cred.
Fille: Les card games sont très middle-aged.
Papa: Mais non, votre mère a raison! Le card game, c'est une activité de famille. Nous n'avons pas joué pour yonks.
Fils: Oh, OK. Que va-t-on jouer?
Papa: Eeeuh ... Weetabix?
Fille: Weetabix? Je ne le connais pas.
Maman: Mais si! Vous commencez avec 13 cartes each, puis 11, puis 9 et so on.
Papa: Et vous jouez pour des tricks, comme en whist.
Maman: Et vous faites une prédiction de vos tricks, et si vous gagnez le numéro correcte, vous recevez 10 points.
Papa: 20 points.
Maman: 10 points, plus 5 points pour chaque trick.
Papa: Non, non! 10 points pour chaque trick!
Fils: Look, si vous ignorez les rules et le point system ...
Papa: Vous avez un better idea?
Fils: Oui. Poker.
Papa: Oh, là là. Il est très difficile.
Fils: Nous le jouons beaucoup à l'école. C'est facile.
Papa: Difficile pour maman, je veux dire.
Maman: Oh, charmant! Tiens, vous connaissez German Cribbage?
Papa: Non. German cabbage, oui, mais ...
Maman: Vous avez deux packs de cartes, et une boîte d'allumettes.
Fille: Nous sommes right out of allumettes. Connaissez-vous

Solo Skat?
Fils: Non. C'est bon?
Fille: Oui, terrif. Mais c'est pour une personne seulement.
Fils: Nous pouvons avoir 4 separate games de Solo Skat.
Papa: Oh, très communal, je ne pense pas.
Fils: Connaissez-vous Osama Bin Laden's Whist?
Maman: Non, dear. Comment cela se joue?
Fils: Vous avez 52 cartes et une boîte d'allumettes. Avec les allumettes, vous brûlez les cartes, et vous brûlez votre maison. et vous brûlez finalement l'entier western monde!
Papa: Ha bloody ha. OK, je fais une décision. Nous jouons au Snap! Du moins, c'est simple. Où sont les cartes?
Maman: Je ne sais pas. Last time, elles étaient dans mon writing-desk. Mais c'est 4 years ago, et elles ne sont plus là.
Papa: C'est le final straw! Nous sommes un household sans un pack de cartes! … Allons voir s'il y a un bon programme sur la TV …
Fils: Moi, je vais au pub.
Fille: Moi, au disco.
Maman: Moi, je fais de l'ironing.

(***Next time, ayez un pack de cartes handy et préservez votre family life!*** Une annonce par L'Association de Playing Cards Manufacturers.)

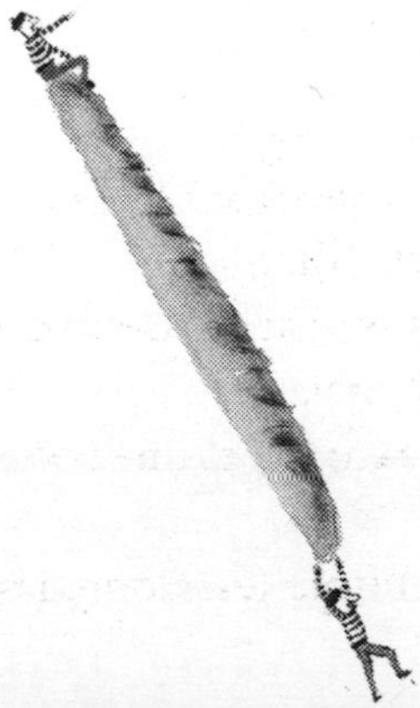

Leçon Thirty-Three

ST VALENTINE, LEAP YEAR ETC

Femme: Tu as reçu des cartes de St Valentin?
Mari: Non. Et toi?
Femme: Oui. Cinq.
Mari: Cinq? C'est beaucoup, à ton age. Qui sont tes Casanovas?
Femme: Le plumber, le 24-heure cab firm, la milk-personne et Barclaycard.
Mari: Ah, bon? Les St Valentins sont maintenant commercials? Et ils ont des rimes, et tout-ça?
Femme: Oui. Par exemple, la milkpersonne dit:

'Vous êtes mon pint de-golden top,
Vous êtes la creme de la creme;
Ne changez pas votre daily order
Et restez always the same.'

Mari: Charmant. Et l'autre?
Femme: L'autre quoi?
Mari: Cinq Valentins, tu dis. Je compte seulement quatre.
Femme: Ah, oui. L'autre est de mon secret lover.
Mari: Ah … OK.
Femme: Tiens, c'est Leap Year cette année, n'est-ce pas?
Mari: Tu ne vas pas proposer encore une fois, non?

Femme: Non, mais, c'est curieux. Feb 29, cet extra jour – qui est le saint patron?
Mari: C'est vrai. Tous les jours possèdent un on-duty saint. Mais Feb 29 est différent. Le saint de Feb 29 travaille une fois dans quatre ans.
Femme: Peut-être est-il patron saint de l'overtime ban.
Mari: Curieux. Dans Heaven, il y a une porte marquée: 'CETTE POSITION FERMEE. BACK EN QUATRE ANNEES.' C'est un job avec des perks … Incidentellement, c'est qui, ton secret lover?
Femme: Je ne sais pas. Il n'est pas signé.
Mari: Mais c'est moi, espèce de dolt! Donnez-moi un kiss.
(Musique, credits, etc…)

Leçon Thirty-Four

ST VALENTINE SPECIAL!

Une sélection de vers franglais pour le jour de St Valentine. Simplement découpez le poème de votre choix , et supergluez-le sur votre carte. Bonne chance avec le wooing!

Les roses sont rouges,
Les violettes sont bleus,
Et c'est de toi, darling,
Que je suis amoureux.

* * *

Lavender bleu, dilly, dilly,
Lavender vert,
Je suis tout prêt, dilly, dilly,
Pour une affaire.
Si tu es prête, dilly, dilly.
Montre-moi un signe,
Donne-moi un buzz, dilly, dilly,
Ou droppe-moi une ligne.

* * *

Vous êtes le bloke que je préfère,
Vous et mon prince et roi.
Je vous trouve extraordinaire.
Que pensez-vous de moi?

* * *

Les roses sont rouges,
Les bananes sont jaunes.
Je ne peux pas aimer
Une Ranger de Sloane.

Je suis ton petit mugwumps?
Ton hoochie-coochie dear?
Je suis ton little pudding?
Mon Dieu. Je vais vomir.

* * *

Les roses sont rouges,
Les tomates aussi,
Mais vous êtes tout blanc.
Prends une vacance de ski!

* * *

Chaque fois
Que je te vois,
Mon petit Prince Charmant,
C'est bon pour moi.
Mais, dis pourquoi
Tu dégoûtes ma maman?

* * *

Les roses sont rouges
Les oranges sont oranges
Si tu ne fais pas slimming
Tu seras un blancmange.

* * *

Mon amour est comme une rose rouge, rouge,
Un bonny, bonny fleur,
Mon amour est comme une mélodie,
Naebody's like to her.

Mon amour est comme un drop de Scotch,
Un bon dram dans un glass.
But now she's gang to London town
Hélas, hélas! Eh, lass?

(Après Burns …)

Leçon Thirty-Five

LE HOUSE-MOVING

Lui: Eh bien. Nous voilà.
Elle: Oui. Dans le nouveau home.
Lui: Quelle nightmare.
Elle: Oui. Mais c'est fini maintenant.
Lui: Fini? Ce n'est pas commencé. Nous avons 56 chests de thé, 69 boîtes de cardboard, 43 sacs de polythene et 112 packages anonymes. Tous choc-a-bloc. Moi, je déteste l'unpacking.
Elle: Moi aussi. Une tasse de thé?
Lui: Smashing idée.
Elle: Bon … Où est le kettle?
Lui: C'est dans la chest de thé.
Elle: Il y a 56 chests de thé.
Lui: Elle est dans la chest de thé avec le sucre, les bags de thé, le jug de milk, etc. Dans le newspaper. Je les ai paqués personellement.
Elle: Oh, très funny. Vous savez qu'il y a du newspaper dans tous les chests de thé? Vous ne vous souvenez pas, par hasard, dans quel newspaper vous l'avez paqué?
Lui: Le *Daily Mirror* du 8 mai, pages 3 à 17, avec une grande photo de la Reine et la caption 'Business Comme Usual pour la Reine!' Aussi un pic de Wayne Rooney, caption: 'Je suis OK pour Sud-Afrique!'
Elle: C'est vrai?
Lui: Non. C'est mon idée d'un joke. Je n'ai absolument pas d' idée dans quel newspaper j'ai mis le basic survival thé-kit.
Elle: Vous êtes pathétique! Regardez un peu.
Lui: OK, OK. Voici, par exemple, un box qui contient … deux

frying-pans ... le kitchen clock ... un paquet de garlic ... le Sodastream, qui ne marche pas ... un citron avec un dose de penicillin ... une bouteille de ketchup, presque vide ... cinq aprons ... et une boîte de sucre en cubes, rélique de notre vacance en France, 1993.

Elle: Mon Dieu. Eh bien, nous avons le basis pour une tasse de thé. Nous avons le sucre.

Lui: C'est tout.

Elle: Non. On peut mettre l'eau dans le frying-pan. On peut mettre le pan sur le petit primus de camping. Et voilà!

Lui: OK. Du sucre. De l'eau. *Et le thé?* Où est le Lapsang-flaming-Souchon?

Elle: Cette chose est un thé-chest, right? Dans le bottom d'un thé chest il y a quelques feuilles de thé, les left-overs du contenu original? Oui, voilà! Cette poudre brune, comme compost de Jean Innes No. 7, ça c'est du thé!

Lui: Vous allez faire un cuppa dans un frying-pan, avec dust?

Elle: Vous avez un idée supérieure?

Lui: Hmmm ... et le lait?

Elle: Lait? Nous avons un citron!

Lui: Un citron avec disease fatale.

Elle: Mais non, mais non. A l'intérieur, c'est OK. Regardez.

Lui: J'ai un idée superieure. Regardez dans le fridge.

Elle: Il n'y a rien dans le ... Ah! Une bouteille de champagne! Mais comment ... ?

Lui: Un peu de planning. Je ne suis pas totalement inutile.

Elle: Ah, chéri!

(Musique de background. Une embrace. La popping du bouchon. Curtain, etc ...)

Leçon Thirty-Six

LE PREMIER CROCUS

Lui: J'aime le spring.
Elle: Moi, le spring, je l'aime.
Lui: Ah, moi aussi, oui, j'adore le spring.
Elle: Le spring, c'est beau, le spring.
Lui: Quand le sap monte …
Elle: Avril à Paris …
Lui: Avec un hey nonny non …
Elle: Quand le fancy d'un jeune homme …
Lui: Etc.
Elle: Oui. *(Pause)*
Lui: Les snowdrops sont en plein swing.
Elle: Les célandines commencent.
Lui: Les catkins font leur stuff comme des danseurs go-go.
Elle: Les sticky buds sont multi-adhésifs.
Lui: Mais le crocus que j'ai planté dans le pot ne fait rien!
Elle: Pardon?
Lui: En octobre. J'ai planté un crocus. Une bulbe. Dans un pot. Je l'ai laissé dans un cupboard, comme per les instructions. Eh bien, il est mort. Il ne fait pas un showing.
Elle: Donne-lui une chance.
Lui: Une chance? Il est maintenant mid-March! Tous les crocus dans le jardin sont en bloom. C'est comme le Show de Fleurs de Chelsea. Mais pas mon crocus dans le pot. Il est still-born. C'est un cas pour le coroner.
Elle: Vos plantes sont toujours comme ça.
Lui: Comment?
Elle: Les pips de pommes que vous avez plantés. Le pip d'avocado que vous avez suspendu sur deux pins. Le petit paquet de Seeds de Sutton. Même les sprouts de bean. Tous, tous morts.

Lui: Vous croyez que je suis un Jonah? Une force anti-vie? Un jinx sur deux wheels?

Elle: Non. Je crois que vous êtes hopeless comme jardinier. Moi, je suis la même chose. Mes daffs sont mangés par les chiens. Mes hyacinthes sont abortées. Même les daisies sont terrifiés quand je les regarde. *(Pause)*

Lui: Je déteste le spring.

Elle: Le spring, je le déteste.

Lui: Une saison de mort et de désastre.

Elle: Une saison de férocité et de sauvagerie.

Lui: Quand les robins se disputent la territoire comme des terroristes urbains.

Elle: Quand la female du species est sujet à des indignités grotesques et énormes.

Lui: Saison du backlog de football, des blizzards en avril …

Elle: … de Mothering Dimanche, de spring-cleaning …

Lui: … des breakdowns chroniques de lawn-mower …

Elle: … le retour du commun house-fly.

(Pause.)

Lui: Si je jette mon crocus sur le compost?

Elle: Bonne idée.

Leçon Thirty-Seven

LE SPRING-CLEANING

Lui: Mon Dieu! La maison a été burglarisée, ou quoi?
Elle: Non. Pourquoi?
Lui: Le débris. Le chaos. La destruction. M. le P.M. a poussé le bouton, ou quoi?
Elle: Ha Ha, très comique. Je fais le spring-cleaning, c'est tout.
Lui: C'est bien nécessaire?
Elle: Nécessaire? Il est urgent. Le level de pollution ici est énorme. Si le dust était comme la radiation nous serions morts.
Lui: Mais le dust est un preservatif! C'est un anti-septique. Laisse-le.
Elle: Avez-vous regardé sous le lit? J'ai trouvé douze vieilles bouteilles là, couvertes de cobwebs et morceaux de straw. Des bouteilles! Sous le lit!
Lui: Mon Dieu, c'est mon crate de Château Palmer 1983! Ah, vous n'avez pas ... ?
Elle: Non. Je les ai laissées tranquilles. Mais il faut les transporter dans le cellier!
Lui: Oui, chérie.
Elle: J'ai aussi trouvé un tas de vieux *Radio Times*.
Lui: Oui, c'est pour ma collection de photographes de Joanna Lumley.
Elle: Trop tard, luv. Ils sont sur le bonfire.
Lui: Mais ...
Elle: J'ai aussi trouvé une collection de 23 socks, tous différents, beaucoup avec un grand trou. Ce sont des socks dans un single-parent situation.
Lui: Je vais ...
Elle: C'est trop tard. Ils sont allés à Oxfam.
Lui: Oh, très clever! Vous croyez que les blokes avec une jambe,

les Long Jean Silvers, vont aller à Oxfam pour le single sock?
Elle: Qui sait? Peut-être dans le Third World les socks sont populaires comme sieves ou quelque chose. J'ai aussi trouvé treize morceaux de bois dans le shed. Treize *très* grands morceaux de bois.
Lui: Vous savez que c'est mon tree-house kit. Je vais l'assembler pour les enfants.
Elle: Vous dites cela chaque année depuis cinquante années. Les enfants sont maintenant grown-up et résident à Harpenden. Le kit est maintenant un bonfire assembly kit. J'ai aussi trouvé une combinaison radio/alarm clock sans plug, qui ne marche plus depuis 1993, le 15 mars, 17.48.
Lui: C'est marqué sur le dial?
Elle: Oui.
Lui: Bonfire ou Oxfam?
Elle: Oxfam. J'ai aussi trouvé …
Lui: OK, OK. Assez. Ça suffit. Donne-moi ma valise. Je pars.
Elle: Où?
Lui:. Je vais passer deux jours chez Oncle Georges. Donne-moi un coup de téléphone quand tu seras finie.
Elle: Eh bien, ta valise. Elle était en mauvais nick, donc je l'ai donnée à Oxfam. *(Etc.)*

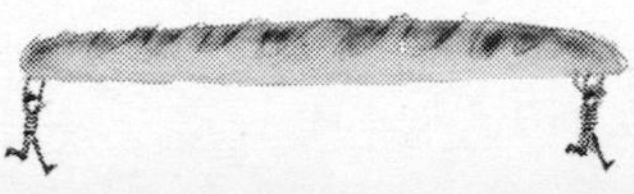

Leçon Thirty-Eight

LA PRÉVENTION DU COMMON COLD

Papa: Ah choo!
Maman: Ah non!
Papa: Ah non quoi?
Maman: Tu n'as pas un cold?
Papa: Non. Je crois que j'ai le flu. Ou la malarie. Ou la plague bubonique. Ah choo!
Maman: Donne-moi tes symptômes.
Papa: Eh bien, j'ai les yeux inflammés comme deux tomates. Mon nez est comme un main drain. J'ai du papier d'emery dans ma gorge. Et ma poitrine est comme un vieux train de steam.
Maman: C'est pour ça que tu fais: 'Ah choo! Ah choo!'?
Papa: Oh, très drôle. Je suis en agonie, et tu fais des jokes.
Maman: Tu as un common cold, c'est tout. C'est ta faute. Je t'ai dit, over et over, de prendre la vitamine C, la poudre de M. Beecham, l'huile de foie cod, etc.
Papa: Mais bon Dieu, woman, j'ai fait tout ça! J'ai mangé la médicine comme un homme. J'ai poppé les pills comme un addict. J'ai un shelf de médicaments comme un supermarché. Et maintenant, je suis sur le point d'aller au grand surgery dans le sky.
Maman: Oh, là là – quel drâme.
Papa: Merci pour la sympathie.
Maman: De rien. Maintenant, off avec toi! Au bureau!
Papa: Non.
Maman: Comment, non?
Papa: Je vais rétirer à mon lit. Je vais prendre un bot d'eau chaude, un extra blanket, un aspirin et rétirer à mon lit comme Florence Nightingale.

Maman: Florence Rossignol?
Papa: Oui. Après le petit business dans la Crimea, Florence Rossignol est devenue bedridden. Elle a sauté dans son lit et y est restée pendant vingt ans. Elle a managé toutes ses affaires de son bedroom. Eh bien, si Florence peut le faire, moi, je fais likewise.
Maman: Oh, très joli. Tu peux être le mastermind de Ferguson's Machine Tools Ltd *et* un invalide chronique, tu crois?
Papa: Oui. Pour un jour, du moins.
Maman: Fat chance. Florence Rossignol était différente de toi.
Papa: Oh, really?
Maman: Oui, really. Elle était une organisatrice naturelle. Elle avait une infrastructure superbe, et tu as seulement un staff d'idiots.
Papa: Mmm. Tu as raison. OK, je vais au bureau. Je suis off. (*Il est off.)*
Maman (*à la téléphone*): Darling? Allô, darling. Oui, il est off. Il a un cold terrible, mais je lui ai persuadé d'aller au bureau. Viens ici ausssi vite que possible. Je t'attends ici dans mon négligée. Oui, je suis ta petite Florence Rossignol …

Leçon Thirty-Nine

LA VISITE DU VAT-MAN

(*Scene: un petit business. Le businessman est à son desk, avec son VAT return form. Il est en misère.*)

Businessman: Blimey O'Sinclair. Même avec mon computer je ne peux pas figurer mes calculations. Je suis tout sixes-et-sevens ici. Ou est-ce sevens-et-sixes? Ou est-ce thirteens? Anyway, commençons au top. Les outgoings sent. (*Interruption. Il y a un knocking à la porte.*) Oui?
Voix: Vous etes Desmond Doyley?
Businessman: Oui. Well, mon business est Desmond Doyleys. Moi, je suis Arthur Crampon.
Voix: Et votre VAT numero est 567456745?
Businessman: Oui. Mais entrez!
Voix: OK lads. Allons!
(*Smashing de fenêtres. Smashing de doors. Gunfire. Smoke bomb. Un squad de six VAT men en balaclava noir et uniform de combat entre dans le bureau.*)
VAT Officer: OK! Ne bouge pas, anybody! Haut les mains!
Businessman: Look, quoi exactement … ?
VAT Officer: Shut up! … Vous etes Desmond Doyley, manufacturer de Arthur Crampons?
Businessman: Non. Je suis Arthur Crampon, manufacturer de Desmond Doyleys.
VAT Officer: (*Il consulte un form*) Hmm, c'est possible. Moi, je suis Sergeant Douglas Byrt, 3rd Regiment, Mounted Customs and Excise.
Businessman: C'est un grand plaisir …
VAT Officer: Shut up! OK, Vous êtes behind avec votre VAT.

Vous nous devez £20,000. Et un on-the-spot fine de £50,000. Plus service. Et VAT of course. Et expenses, pour le trip de Southend pour un squad de six, c'est … well, say £100,000. Pour cash, £90,000.
Businessman: Je n'ai pas £90,000.
VAT Officer: OK lads, donnez-lui le treatment!
Businessman: Juste un moment! Vous n'avez pas le droit d'entrer comme ça et donner un working-over à mon bureau.
VAT Officer: Look, mate, nous avons le droit d'entrer dans 10 Downing Street, même pendant que le PM est dans le lavatory. Même Scotland Yard est jaloux de nos privileges.
Businessman: Another thing. Je ne suis pas behind avec mon VAT. Il est due à la fin de la mois, en deux semaines.
VAT Officer: (*Il consulte le form*) Hmm, Vous avez raison. Notre visite est un tout petit peu early. Wise guy! Smart aleck! Notre visite ici est un waste de temps!
Squad: Clever bâtard! Donne-lui un going-over!
VAT Officer: Next time, lads – la prochaine fois. Meanwhile, Monsieur Desmond Crampon, c'est un warning pour vous. Pas de messing around avec le VAT! Nous sommes sérieux. Nous sommes si sérieux, c'est frightening! (*Exeunt, par les fenetres, chimneys, etc.*)

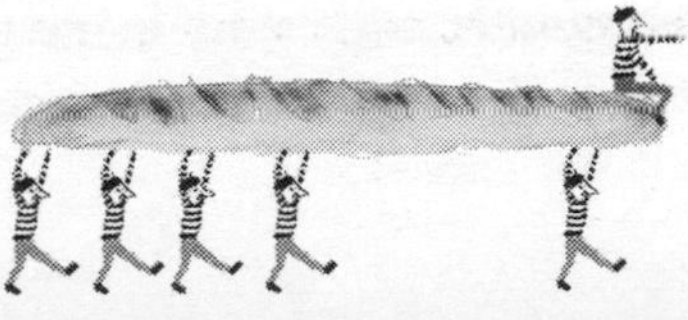

Leçon Forty

À LA LAUNDERETTE

Laundrolady: Vous avez un problème?
Madame: Oui. Ma machine ici ...
Laundrolady: Elle est sur le blink? Vous avez peut-être forcé un franc belge dans le slot?
Madame: Non, elle fonctionne parfaitement. Mais au début de l'opération j'ai déposé un load de blouses, knickers, chemises, mouchoirs et inmentionables.
Laundrolady: Et maintenant?
Madame: Ils ne sont pas là.
Laundrolady: La machine est vide? Vous êtes la victime d'un laundrothief?
Madame: Non je ne crois pas. Il y a beaucoup de vêtements dans la machine. *Mais its sont complètement différents!*
Laundrolady: Vous êtes peut-être la victime d'un trick de conjuring. Est-ce que vos vêtements sont transformés en lapins?
Madame: Vous ne me prenez pas au sérieux, madame. Regardez. Dans ma machine il y a un suit de gentleman, en noir, un top hat, aussi noir, 24 chemises blanches. Aussi mouchoirs, gants et une carnation.
Laundrolady: Ah! Je comprends maintenant. Ce sont les togs d'un gentleman qui vient ici chaque semaine, toujours avec le même load. Il est un foreigner, mais très nice. C'est un aristocrat, je crois, qui vient d'une nation que je ne peux pas prononcer. Ah, le voici maintenant!
Monsieur: Madame, j'ai commis une erreur impardonnable. J'ai remporté votre load de vêtements intimes. Rassurez-vous que je ne suis pas un transvestite, seulement un peu myope. Voilà vos choses.

Laundrolady: Quite le gentleman, n'est-ce pas? Je racontais à cette dame ici que vous êtes un comte de foreign parts …
Monsieur: Transylvanie, actually.
Laundrolady: … et que vous sortez seulement la nuit, et que vous avez beaucoup de trouble avec les stains rouges.
Madame: Mon Dieu! Vous êtes un vampire!
Monsieur: C'est une théorie agréable, madame. Et j'admets que l'évidence semble conclusive. Mais la vérité est simplement que je suis un nut de l'opéra, un opéra-freak, quoi. Je dépense tout mon argent à Covent Garden. C'est pour ça qu je suis forcé à visiter la laundrette.
Madame: Et les stains rouges, hein?
Monsieur: C'est du vin. Dans le crush bar, on renverse toujours le vin sur moi.
Madame: Ouf, quel relief. Je vous prenais pour Dracula. Tiens, je n'ai jamais visité l'opéra, moi.
Monsieur: Vous voulez m'accompagner? J'ai un ticket libre pour ce soir.
Madame: Enchantée, monsieur.
Laundrolady: Encore une triomphe pour ma laundrette. Il est meilleur ici que le computer dating, any jour.

Leçon Forty-One

LES ELECTIONS LOCALES

(Knock! Knock! Knock!)
Monsieur: Oui?
Canvasseur: Bonjour m'sieu, jsuis delaTory Partie, et jsuis wondering sijpeux compter sur votre vote?
Monsieur: Pardon?
Canvasseur: Oui. Vous avez raison. J'allais un peu sur le rapid side. Well, nous venons bientôt aux élections locales. Etes-vous with moi?
Monsieur: Oui.
Canvasseur: Comme vous savez, nous avons un council dominé par une minorité Liberal Democrat. Well, pour assurer une majorité, il faut voter Tory!
Monsieur: Ou Labour.
Canvasseur: Non. Labour est feeble dans ce ward. Votez Tory pour éliminer le Lib Dem.
Canvasseur 2: Excusez-moi ... Je suis un canvasseur pour Labour.
Monsieur: Ah! Et vous avez des anxiétés sur la dominance de la minorité Liberal Democrat?
Canvasseur 2: Oui ...
Monsieur: Et si je vote Labour, je peux éliminer la menace de le Lib Dem?
Canvasseur 2: Oui! Mais vous êtes très dans le swing des things ...
Monsieur: C'est parce que j'ai eu un petit chinwag avec le canvasseur Tory ici. Vous êtes acquainted?
Canvasseur 1: Non, je ne crois pas ...
Canvasseur 2: Je n'ai pas cette honneur ...
Canvasseur 3: Bonjour, monsieur! Je suis un campaigner

pour le camp de Lib Dem! Comme vous savez, nous avons un controlling minority sur le council. Si vous votez Lib Dem, on peut faire un take-over total! Etes-vous fed up avec party politics? Moi, oui! Avez-vous vu notre commercial avec John Cleese? Super, eh!

Monsieur: Never mind about tout cela. Nous avons ici un ongoing party. Voilà le Tory chap, et voilà le Labour man.

Canvasseur 3: Ah ... bonjour ... vous êtes des party faithfuls?

Canvasseur 1 & 2: Oui.

Canvasseur 3: Et comment ça va, le door-to-doorstepping?

Canvasseur 1: Dreadful. Les gens sont aussi apathétiques comme un tea-cloth.

Canvasseur 2: Complètement take-it-or-leave-it.

Canvasseur 3: Et ils disent: 'Ils sont tous les mêmes, les trois partis!'

Canvasseur 1: Mind you, ils ont un point. Tory, Labour, Lib Dem ... ils sont un peu les mêmes.

Canvasseur 2: Entre vous et moi, c'est absolument spot-on. Les politiciens sont des ambitieux ... des sycophantes ... des two-faced ...

Canvasseur 3: Des self-seeking ... des blackguards ... des rascals...

Monsieur: Alors, pour qui je vote, donc?

Canvasseur 1: Tory!

Canvasseur 2: Labour!

Canvasseur 3: Lib Dem! *(Etc, etc ...)*

Leçon Forty-Two

DANS LE MAGASIN DE PARAPLUIES

Monsieur: Phew! Un cochon d'un jour!
Madame: Oui, monsieur.
Monsieur: Le forecast a promis des showers occasionels. Mais c'est un monsoon!
Madame: Oui, monsieur.
Monsieur: Anyway, je veux acheter un parapluie.
Madame: Oui, monsieur.
Monsieur: Vous avez certainement le gift du gab, n'est-ce pas?
Madame: Pardon, monsieur?
Monsieur: Oubliez-le. Now, je désire un brolly de gent. Rien de flash, rien de fancy.
Madame: Comme ça?
Monsieur: Hmm … C'est un peu Whitehall.
Madame: Vous avez l'air un peu Whitehall, vous-même, monsieur.
Monsieur: Oh, ça alors! Quel insulte! Je suis un directeur de BBC, homme créatif.
Madame: Eh bien, vous désirez peut-être un brolly avec stripes. Il est intéressant, mais très discret. Comme le BBC.
Monsieur: Hmm … c'est un peu golfy.
Madame: Vous avez des programmes de golf au BBC. Incidentellement, pourquoi les golfeurs portent des vêtements si horribles?
Monsieur: Je ne sais pas.
Madame: Mais vous êtes directeur de BBC! C'est votre job. C'est votre responsibilité.
Monsieur: Non. Je suis directeur de radio.
Madame: Alors, dites-moi pourquoi le Compositeur du Week, sur Radio 3, n'est jamais Spohr. Ah, j'adore Spohr! Mais c'est

toujours Purcell, ou Elgar. Les composeurs anglais sont un wash-out, ne trouvez-vous pas?

Monsieur: Je ne sais pas. Je suis un directeur de drama.

Madame: Ah? En ce cas, dites-moi pourquoi les inspecteurs de police, dans les drames de Radio 4, ont toujours un accent de Scotland. Les flics sont toujours des jocks!

Monsieur: Ce n'est pas vrai.

Madame: Mais si, c'est vrai. Ecoutez … (*Elle tourne le knob sur le shop radio.)*

Radio: … 'Et welcome à Afternoon Theatre. Aujourd'hui, *A Wee Murder*, avec Denholm Elliot comme Inspecteur McMurtry … '

Monsieur: Mon Dieu. Vous avez raison. Mais ce n'est pas mon département.

Madame: Ah, c'est toujours la même histoire! Ce n'est pas mon fault! Ne me blamez pas, mate! C'est la trouble avec Britain maintenant, vous savez. Personne ne prend la responsibilité.

Monsieur: Oui, well, peut-être. Anyway, mon brolly …

Madame: Je ne vous vends pas un brolly. Vous êtes undesirable. Out! Sortez! Rentrez à Broadcasting House et dites à vos colleagues: 'Aujourd'hui j'ai rencontré une vraie réaction publique. Elle a changé ma vie.'

Leçon Forty-Three

UN OUTSIDE BROADCAST DE TV

Scene d'un bank raid. Un passer-by, qui a essayé un have-a-go policy, est blessé. Il est sur un stretcher, sur le trottoir. Un TV crew arrive.

Production Assistant: C'est vous le bloke qui a grapplé avec le gang?
Passer-by: Oui. Ouf, mon bras!
PA: Vous êtes en agonie?
Passer-by: Oui. Ils m'ont frappé avec un cosh.
PA: Bon! Un peu d'intérêt visuel. Nous allons vous interviewer pour le TV news, OK?
Passer-by: Well, OK ...
PA: Donnez-moi votre nom, adresse etc ...
Cameraman: C'est lui, le bloke?
PA: Oui.
Cameraman: Il n'y a pas beaucoup de lumière ici. On ne pourrait pas le transporter au traffic island?
Soundman: Oh, merveilleux. Et moi, le sound, au milieu de la traffic?
Présenteur: C'est lui, le bloke?
Passer-by: Ah, vous êtes Roger Cram, de TV News! Je suis enchanté ...
Présenteur: Merci. Si je suis ici, et m'arrange comme ça, je suis dans caméra?
Cameraman: Sort of. Mais ne bougez pas.
Présenteur: Maintenant, Monsieur ...
Passer-by: Turner. Keith Turner. Well, je passais la banque, quand, tout à coup, le gang est sorti. J'ai sauté sur le leader ...
Présenteur: Un moment! Le cameraman ne roule pas.

Attendez votre cue.
Passer-by: Ah.
Producteur: C'est lui, le bloke?
PA: Oui.
Producteur: Il n'est pas très télégenique. Pourquoi les have-a-go merchants sont toujours insignifiants? Et où est le sang?
PA: Il ne saigne pas. On l'a seulement coshé.
Producteur: Oh well, du moins c'est exclusif. OK, action!
Présenteur: 'Have-a-go héro Keith Turner, age 35, passait la banque Natlloyd quand le gang est sorti. Sans hésitation, plucky Keith a attaqué … '
Soundman: Hold it! Nous avons un Boeing 747 qui passe.
Présenteur: Kitty, mon eye-shadow est OK?
PA: Parfait, Roger.
Soundman: OK, l'avion passe.
Producteur: Action!
PA: Un moment! Nous entendons sur le blower que le gang a été arrêté, à Kilburn!
Producteur: Bon! Dans la voiture, tout le monde, et à Kilburn!
Passer-by: Mais, mon interview … ?
Présenteur: Pas aujourd'hui, sport. Some other time, peut-être.

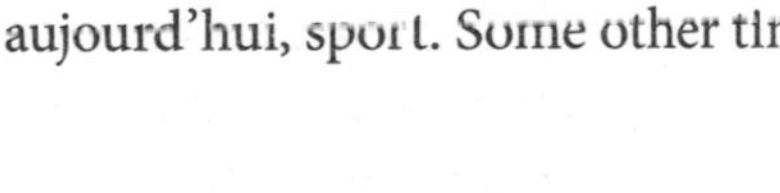

Leçon Forty-Four

DANS LA COUNTRYSIDE AVEC ONCLE TOM

Oncle Tom: Ah! Regardez dans le hedgerow, les petites fleurs jaunes. Vous les voyez, Jack et Jill?
Jack: Oui.
Oncle: Regardez comme elles sont mignonnes. Elles sont les messagers du spring, les héralds du printemps. Jolies petites fleures! Savez-vous comment elles s'appellent?
Jack: Non.
Oncle: Elles sont les primroses. Quel beau nom. N'est-ce pas?
Jack: Oui.
Oncle: Vous voyez ce petit oiseau? L'oiseau qui fait pi-pi-too-too-roo-too? Avec le plumage distinctif en khaki?
Jack: Non.
Oncle: C'est le hedgethrostle. Il commence le mating.
Jack: C'est dégoûtant.

Oncle: Mais non, c'est beau! M. Hedgethrostle rencontre Mme Hedgethrostle; ils construisent un petit nid; et puis, voilà – six petits oeufs bleus!

Jack: On peut les manger?

Oncle: Non, je ne crois pas. Ah – regardez ces oiseaux noirs dans les arbres, qui font quark quark! Savez-vous comment ils s'appellent?

Jack: Non.

Oncle: Ce sont des rooks dans leur rookerie.

Jack: Le rook pie est bon, n'est-ce pas?

Oncle: Je ne sais pas. Connaissez-vous le nom d'une collection de rooks?

Jack: Un pie de rooks?

Oncle: Non – un Parliament de rooks! A cause du bruit. C'est drôle, non?

Jack: Non.

Oncle: Jack, vous êtes un grand let-down pour moi. Vous êtes complètement oblivieux à la countryside. Vos yeux sont fermés. Jill, aussi.

Jack: Oh, regardez là! Vous voyez cette machine?

Oncle: Non – où?

Jack: C'est le nouveau Massive-Ferguson Combine Rotospray. Il a une capacité de 40,000 gallons de pesticide.

Oncle: C'est dégoûtant.

Jack: Non, c'est terrif. Et là-bas, vous voyez la machine jaune avec le bloke en safety helmet? C'est un Anti-Hedgerow Chieftain Tank. Il élimine tous les hedgerows pour le fermier.

Oncle: C'est monstrueux!

Jack: Mais non, c'est la countryside moderne. Vous êtes oblivieux, vous aussi.

Oncle: Jill, dites-moi que vous n'êtes pas d'accord avec Jack … Jill!

Jack: Elle ne vous écoute pas. Elle écoute son iPod.

Oncle: Son quoi?

Jack: Ah, Oncle Tom, vous êtes vraiment un misfit.

Leçon Forty-Five

DANS LE BOOKSHOP ANTIQUARIAN

Bookman: Bonjour, monsieur. Vous êtes ici pour le browsing, ou vous êtes sérieux?
Monsieur: J'ai une petite liste de missing livres. Si vous avez …
Bookman: Fire away! Votre désire est ma commande!
Monsieur: OK. Je cherche une première édition de *L'Ile de Trésor* par Robert Louis Stevenson.
Bookman: London, 1897?
Monsieur: Oui.
Bookman: Edition en bon nick, avec frontispiece, et joli petit marbling?
Monsieur: Oui!
Bookman: Non, sorry. Nous sommes right out de cette ligne particulière. Mais j'ai une excellente copie du *Boys Annual*, 1953.
Monsieur: Ce n'est pas la même chose.
Bookman: Première édition?
Monsieur: Non, merci … Alors, avez-vous une édition originale de *Six Caracteres sur le Look-out pour un Playwright* de Pirandello?
Bookman: Pirandello, eh? Voila un nom qui n'est pas fashionable. Curieux, n'est-ce pas, comme les vogues vont et viennent? Anouilh, voilà un autre. Et Ionesco. Et C. B. Fry, et Cliff Odets. Un moment, top chien – le next, rélegués aux bookshops antiquarians.
Monsieur: Alors, vous avez le Pirandello?
Bookman: Non. Mais je vous dis quoi.
Monsieur: Quoi?
Bookman: J'ai ce super *Boys Annual* de 1953. Beaucoup de pix en couleur, et une histoire smashing qui s'appelle 'Skullduggery dans le Cinquième Form!'.

Monsieur: Non, merci. Eh bien, troisièmement et finalement, je cherche une première édition de *Une Fille Comme Toi* de Amis, Kingsley.
Bookman: Ah, le bon vieux Kingsley! Avec son gruff ton de voix, et ses opinions légèrement fascistes, et son penchant pour les vieux 78s de jazz! Je l'aimais beaucoup quand il était still alive. Mais maintenant c'est seulement Amis, Martin. Curieux, n'est-ce pas, comme les pères vont et les fils viennent?
Monsieur: Peut-être … Anyway, j'assume que vous n'avez pas le livre en question?
Bookman: Absolument. Mais …
Monsieur: Mais vous avez le *Boys Annual* pour 1953.
Bookman: Absolument! Un snip à £10.
Monsieur: Pourquoi vous avez cette obsession avec le *Boys Annual* de 1953?
Bookman: Regardez. Vous, le customer, vous avez une liste de missing livres, right? Eh bien, moi, le bookman, j'ai une liste de livres que je ne peux pas shifter. Le *Boys Annual* de 1953 est top de la liste.
Monsieur: Et vous voulez que je vous donne £10 pour le privilege de faire un gap sur vos shelves?
Bookman: Absolument!
Monsieur: Grosse chance. Eh bien, je vais regarder votre annual … Tenez! Regardez! C'est mon livre!
Bookman: Pas encore. Vous n'avez pas payé.
Monsieur: Non, mais regardez l'inscription! 'A Bob Wetherby, pour son 5ème birthday, des ses parents adorants.' Bob Wetherby, c'est moi! Je vais l'acheter!
Bookman: OK. Pour vous, £25.
Monsieur: £25?!
Bookman: Oui. C'est maintenant une édition très *très* rare.

Leçon Forty-Six

À L'OUIJA BOARD

Dame: Vous avez fait l'ouija board déjà?
Monsieur: Non. C'est un peu comme le reading des tea-leaves, n'est-ce pas?
Dame: Ah, non! Les tea-leaves sont un jeu de housewife. L'ouija board est très sérieux. Nous serons en contact avec le beyond.
Monsieur: On peut réverser les charges?
Dame: Pas de joking, monsieur. Le beyond n'aime pas les jokes.
Monsieur: Nom curieux, ouija. Il y avait une Madame Ouija, qui l'a inventé dans sa caravane de gypsy?
Dame: Pas du tout. Le nom est formé de deux mots pour 'yes' – 'oui' et 'ja'.
Monsieur: Ah! Une collaboration Franco-Allemande! Typique!
Dame: Vous prenez un petit Scotch avant de commencer?
Monsieur: Merci. C'est gentil.
Dame: Voilà. Maintenant on commence. (*On fait le board.*) Et voilà. UN PETIT SCOTCH POUR MOI AUSSI.
Monsieur: Of course. Dites 'when'.
Dame: Non, non, vous ne comprenez pas. C'est un message de l'ouija board. Il y a une personne dans l'unknown qui demande un Scotch.
Monsieur: Pas de kidding? Alors, le beyond a un drinking licence?

Dame: Je ne sais pas. Je vais demander. Pouvez-vous imbiber dans le beyond?
Board: OUI – ET COMMENT!
Dame: Mais vous n'avez pas une anatomie sur l'autre côté. C'est un monde de spirit.
Board: SPIRIT, OUI. AUSSI BIERE, CHAMPAGNE ET CIDRE.
Dame: Qui êtes-vous?
Board: JE SUIS HARRY, UN VIEUX SOAK. CHEERS!
Dame: C'est dégoûtant. Normalement je contacte des gens très raffinés.
Board: PAS CETTE FOIS, LADY. JE SUIS UN BAR FLY DANS LE GRAND SALOON BAR DANS LE CIEL.
Monsieur: Il est amusant, ce type. Dites-moi, Harry – vous avez rencontré un Monsieur Charlie Wentworth, un boozer qui aime le Velvet Noir?
Board: OUI. MAIS IL EST SUR LE WAGON.
Monsieur: Pauvre Charlie. Et la vie dans le beyond, c'est amusant?
Board: OH, COMME CI, COMME CA. ON PASSE TOUT LE JOUR AUX ST PETER'S ARMS, POUR LE BENDING DE L'ELBOW. IL Y A UNE BARMAID SENSATIONELLE. GABRIELLE.
Monsieur: Et pourquoi vous nous contactez ici, si vous avez tant de fun?
Board: OH, VOUS SAVEZ, CE N'EST PAS TOUJOURS DU FUN. TOUJOURS LE MEME GOSSIP ET TOUJOURS LES MEMES GENS. ET FRANK HARRIS, QUI PARLE TOUJOURS, TOUJOURS
Monsieur: Vous savez quelque chose? Nous avons contacté un pub bore défunt. Moi, j'ai assez entendu.
Board: NON, NE COUPEZ PAS! ECOUTEZ, J'AI UNE BELLE HISTOIRE. IL Y AVAIT CET INSURANCE SALESMAN, RIGHT? ET IL S'EST PERDU UN SOIR A LA CAMPAGNE. ET IL ALLAIT A CETTE FERME …
Dame: Je ne veux pas écouter des cochonneries de l'autre côté. Over et out.

Leçon Forty-Seven

LA BANK HOLIDAY

Enfant: Papa?
Papa: Oui, mon joli infant?
Enfant: Pourquoi tu es ici?
Papa: Parce que c'est mon home.
Enfant: Non, mais c'est Monday. C'est un workday. Pourquoi tu n'es pas au bureau?
Papa: Ah! Parce que c'est un Bank Holiday.
Enfant: Qu'est-ce que c'est qu'un Bank Holiday? Un holiday pour les bankers?
Papa: Oui.
Enfant: Mais tu ne travailles pas dans une banque.
Papa: Non, mais c'est un holiday pour tous. Les banques, les magasins, Harrods etc.
Enfant: Alors, pourquoi on dit Bank Holiday? Pourquoi pas Shop Holiday ou Store Holiday?
Papa: Je ne sais pas.
Enfant: Qu'est-ce que c'est qu'un Spring Bank Holiday? C'est un holiday pour les Spring Banks? Qu'est-ce que c'est qu'un Spring Bank? Y-a-t-il aussi un Winter Bank?
Papa: SHUT UP!
Enfant: Mais tu dis toujours: 'Demande des questions.'
Papa: C'est vrai. OK, pose-moi *une* question.
Enfant: La Bank Holiday, c'est réligieux?
Papa: Non, je crois pas ...
Enfant: Dans la Vieux Testament, dit-il: 'Et sur le sixième jour, Dieu créa le Bank Holiday, et lo, le Bank Holiday était bon ... '?
Papa: Non ...
Enfant: Ou Jésus, a-t-il dit aux apôtres: 'Très bon innings, mon Gang de Twelve. Ja vais vous donner un Bank Holiday.'?

Papa: Non …
Enfant: C'est un holiday pour moi aussi?
Papa: Oui
Enfant: Alors, pourquoi nous ne faisons pas une expédition? Un trip au seaside ou similar?
Papa: Parce que … parce que j'ai oublié à aller a la banque, et je suis skint.
Enfant: Ha! Sur un Bank Holiday, tu croyais que les banques seraient ouvertes! C'est riche, ça!
Papa: Regarde, petit infant, tu es un pain dans la neck. Je vais sortir au pub.
Enfant: Ah! Il n'y a pas de Pub Holiday, alors?
Papa: Non, dieu merci.
Enfant: Mais tu n'as pas de l'argent pour le pub.
Papa: Damn – c'est vrai … Mon cher petit enfant bien-aimé, combien y a-t-il dans ton piggy bank?
Enfant: Sorry, Papa, c'est Piggy Bank Holiday aujourd'hui.

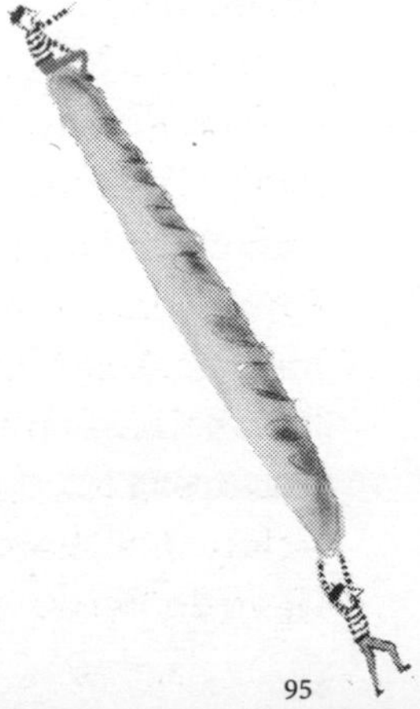

Leçon Forty-Eight

LES TRIVIAL PURSUITS

Jill: Alors, qui est next?
Dick: C'est moi.
Jill: Et votre question est sur ... ?
Dick: Le Showbiz.
Jill: Bon. 'James Stewart est better known under quel alias?'
Dick: James Stewart? Mais – James Stewart est James Stewart! Il n'a pas un screen name!
Jill: Alors, votre réponse est James Stewart?
Dick: Oui.
Jill: La solution est ... 'Stewart Granger. Son vrai nom était James Stewart.'
Dick: Ah, c'est un cheat, ça! C'est un cheap trick. Pas à mentionner une question très dated ...
Jill: Moi, je vais pour Sport. Tirons une question: 'Qui a gagné le Cup en 2005?'
Dick: Simple! Une doddle!
Jill: Arsenal? Spurs? Everton? Blimey – un shot dans le dark. Je vais pour West Ham.
Dick: Non, la réponse est ... Good God. C'est curieux! La réponse est: 'Sporting Club de Rio a gagné le Cup d'Argentina en 2005.' Vous avez acheté le set de Trivial Pursuits en South America?
Jill: Non. How very extraordinaire.
Dick: Oh well, pressons en avant. Moi, j'opte pour une question sur The World.
Jill: Voilà – 'Le Mistral est le nom de a) un vent comme une hurricane b) un pudding français c) une rivière en Russia?'
Dick: Quel morceau de gâteau! C'est un vent.
Jill: Regardons ... 'Le Mistral, actually, est un train express

dans le sud de France.'

Dick: Mais c'est un vent!

Jill: Oui, mais c'est aussi un train. Je l'ai vu.

Dick: Ce set de Trivial Pursuits me donne les creeps. C'est un board game avec une sense de humour. C'est une qualité indésirable dans un board game.

Jill: Ma question, maintenant, sur The Arts … 'When Did You Last See Your Father?'

Dick: You mean, qui est l'artiste qui a fait 'When Did You Last See Your Father?'

Jill: Non. Il dit, tout simplement: 'When Did You Last See Your Father?'

Dick: Well? C'était quand, cette réunion avec votre père?

Jill: Last Thursday, pour lunch.

Dick: My God! That is la solution sur la carte! 'Last Thursday, pour lunch.'

Jill: Good. Un extra go.

Dick: Mais … c'est un black magic set de Trivial Pursuits! C'est horrible! C'est occult! Je vais … je vais tirer encore une carte. Et il dit … 'Non, je ne suis pas un black magic set. Je suis un fifth generation set de Trivial Pursuits. Oui, un thinking set avec une sense de humour! Merci. Maintenant, continuez votre game.'

Jill: Et ma next question est: 'What are you doing tomorrow night, sweetie?' Ah! Une proposition from un board game! C'est un peu much.

Dick: Moi, j'ai aussi une proposition. Jouons au Snap.

Leçon Forty-Nine

L'INTERVIEW À HEATHROW

Hack: Monsieur le star, monsieur le star!
Star: Oui?
Hack: *Daily Sheet* ici. J'ai quelques questions pour vous.
Star: Non merci.
Hack: Donnez-nous un break, star!
Star: Pourquoi?
Hack: Dites-moi, votre filme que vous tournez avec DiCaprio et Winslett, le rumour est que les choses sont un peu dodgy.
Star: Pas de comment.
Hack: Que vous et Leo, vous avez eu un petit incident? Que Kate ne vous parle pas? Que l'argent commence à disparaître?
Star: Pas de comment.
Hack: Qu'il y a une grande drug scene sur le set? Que vous êtes toujours plastered? Que votre femme vous a laissé?
Star: Toujours pas de comment.
Hack: Que vous habitez maintenant avec une schoolgirl âgée de 15 ans? Que votre mauvais traitement du staff est légendaire? Et que c'est la fin de la route pour vous?
Star: Je peux vous poser une question? Il est permis que je parle, moi, aussi?
Hack: Oui, star.
Star: Pour qui vous me prenez?
Hack: Eh bien … pour Jack Rafter, le film star.
Star: Mais non! Je rassemble à Jack Rafter, c'est vrai, mais je ne le suis pas. Mon nom est Professeur Gilbert Wendell.
Hack: Le gagnant du Prix Nobel pour astronomie?
Star: Oui.
Hack: Hmmm … Donc je peux vous poser quelques questions pour le *Daily Sheet*?

Star: C'est mon plaisir.
Hack: Professeur Wendell, vous êtes un fameux professeur d'astronomie. Dites-moi, dans l'observatoire à minuit, il y a beaucoup de carrying-on?
Star: Je ne comprends pas …
Hack: Vous avez un love-nest dans votre dôme? Vous faites les drug-trips avec la téléscope? Combien d'orgies se passent-elles là? On vous appelle 'Le Monstre de la Galaxie'. Que dites-vous à cela?
Star: Jamais! C'est un farrago de fabrication! Pourquoi vous inventez des choses comme ça?
Hack: Merci, professeur, c'est tout. (*Dans le téléphone.*) 'Je ne suis pas un monstre, dit Nobelman. Ces histoires de sex-orgies ne sont pas vraies. Mon observatoire est innocente. Alors – *demande le Daily Sheet* – pourquoi persistent ces histoires? Où est la vérité?'
Star: Mais … vous inventez toutes ces histoires!
Hack: Bien sûr. C'est mon job.

Leçon Fifty

LA BABY-SITTER

Baby-Sitter: Bonsoir, M. et Mme Spring.
Madame: Ah, Sophie – vous voilà! J'ai laissé un snack pour vous dans la fridge. Pâté de mackerel, quiche, salade et demi-bouteille de Sancerre. Très Wine-Bar, non?
Sophie: Oui, Madame Spring.
Monsieur: Tu es prête, chérie? Le show commence dans 40 minutes.
Madame: Oui, oui … Les enfants sont au lit. Jason a une touche de flu, et Katie souffre un peu de funny tummy. Oh dear. Mais vous êtes très capable.
Sophie: La TV marche bien?
Madame: Oui. Oh, et si vous avez un peu d'aggro, M. Thomson dans la maison opposite est très helpful.
Monsieur: Chérie! Allez! allez!
Madame: Oui, un moment … Oh dear, je crois que c'est tout.
Sophie: Ne frettez pas, Madame Spring. Je connais les ropes.
Monsieur: Oh, incidentellement, Sophie, j'anticipe un coup de téléphone de New York, ce soir. Business, très important. Dites à M. Knupfler que je vais l'appeler demain. Il concerne un projet à Cairo …
Madame: Sophie ne s'interesse pas à ton business! Nous sommes en retard.
Monsieur: OK, dear.
Madame: Au revoir, Sophie. Il y a un nouveau *Cosmopolitan* sur la …
Monsieur: Chérie!!
Sophie: Relaxez, Mme Spring. Tout est sous contrôle. Amusez-vous bien.

(*Départ de M. et Mme Spring. Elapse de 5 heures. Retour de M. et Mme Spring.*)

Sophie: Vous vous êtes amusés bien?

Monsieur: Oui. Eh bien, pas exactement. Il nous a fallu 20 minutes pour trouver une parking space. Nous sommes arrivés après le commencement du show.

Sophie: Hélas! Mais le show était bon?

Madame: Oui. Eh bien, non. Je trouve les drames de M. Ayckbourn lugubres. Et après nous avons dîné chez Jules et Sandy.

Monsieur: Cuisine nouvelle. Très snob, très chi-chi. Maintenant j'ai faim.

Madame: Mais Sophie, votre soir, comment c'était?

Sophie: Ah, j'ai eu un ball! J'ai joué au Scrabble avec les enfants, et puis j'ai regardé un très bon film à la TV, et puis M. Thomson m'a fait visite pour voir si tout allait bien, et il m'a appris à jouer au poker, et j'ai gagné £16, et puis j'ai parlé avec mon boyfriend à la téléphoné – tiens … ! Votre M. Knupfler a téléphoné de New York, et nous avons eu une longue conversation et il m'a invitée à aller en Egypte! Mais je ne peux pas aller. Et le dîner était delicious.

Monsieur: Chérie, j'ai une suggestion. Demain, ayons un evening out chez nous à la maison.

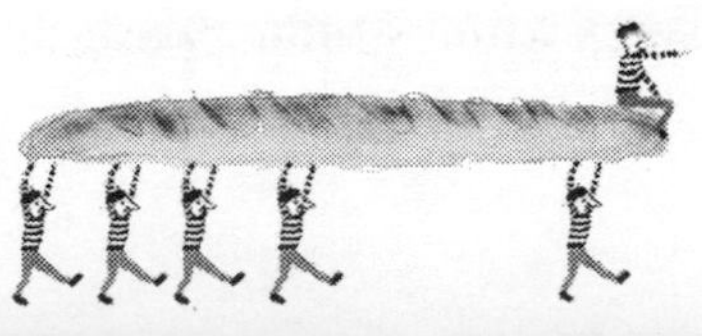

Leçon Fifty-One

DANS LE DISCO

Elle: Je l'aime ici. Il est vraiment trendy. Les disques sont très tomorrow, et les DJs sont brillants. Je préfère ici à Bandland. Bandland est un grotty disco. Mon amie Sylvia va toujours à Bandland, mais elle est folle. Je lui dis: 'Pourquoi vous allez à Bandland?' Elle dit: 'Parce que mon guy Kevin aime Bandland.' Je dis: 'C'est typique de Kevin.' Kevin est trop neo-punk pour mon liking. Que pensez-vous de Kevin?
Lui: Quoi?
Elle: Ce soir, il est un peu lifeless ici. Mais Thursday est toujours quiet. Monday est le top-time. Pourquoi Monday? Je ne sais pas. Personellement, je suis toujours knackered après le weekend. Mais je viens toujours ici, pour être avec le crowd, et les cocktails sont half-price le lundi. Quel cocktail préférez-vous?
Lui: Pardon?
Elle: Kevin, l'ami de Sylvia, est sur la dole. Mais il travaille aussi, pour cash seulement, comme jobbing gardener. Il travaille dans les grands jardins de W11, très trendy. Et il plante la marijuana partout où il travaille! Clever, n'est-ce pas? Il dit que la marijuana est très jolie comme fleur. Je ne sais pas, moi. Je ne l'ai jamais vue. Vous l'avez jamais vue, vous?
Lui: Comment?
Elle: Moi, je préfère le Bruce's Boomerang. C'est un fabuleux cocktail. Vous prenez un peu de Pernod, un peu de whisky, un peu de gin et mélangez avec creme de Kiwi fruit. C'est fantastique! La couleur est un peu tartan, mais l'effet est dynamite. Kevin dit que c'est un cocktail pour les pooftahs, mais Kevin est un nul. Tous les petits points noirs de Kiwi fruit montent à la surface de Bruce's Boomerang et reposent

là, comme caviar. C'est très drôle. Vous n'avez jamais mangé le caviar?
Lui: Quoi?
Elle: Vous ne parlez pas beaucoup ce soir.
Lui: Huh?
Elle: VOUS NE PARLEZ PAS BEAUCOUP CE SOIR!
Lui: Ah. Non. C'est à cause du sound system. La volume de musique est maximum. Il est impossible de vous entendre.
Elle: Quoi?
Lui: IL EST IMPOSSIBLE DE VOUS ENTENDRE!
Elle: Ah. Vous n'avez rien entendu de Sylvia et Kevin etc? SYLVIA ET KEVIN ETC?
Lui: Qui est Kevin?
Elle: Oh, bon Dieu. VOUS VOULEZ DANSER?
Lui: NOUS DANSONS DEJA!
Elle: Oh. Oui, c'est vrai. Mais il est très trendy ici. Je le préfère ici à Bandland. Bandland est OK, mais …
(*Etc, etc, jusqu'à throw-out time …*)

Leçon Fifty-Two

LE HOMEWORK

Professeur: Bonjour, tout le monde.
Classe: Bonjour, monsieur.
Professeur: Silence! Ecoutez. Où est votre homework? (*Silence.*) J'ai demandé vingt-cinq essais sur 'Rainfall dans Mexico'. C'était un sujet fascinant. Je n'ai reçu nul essai. Vos essais sont conspicueux par leur absence. Tous vos essais sont missing, believed lost. Pourquoi? J'espère que vous avez de belles excuses. Wainwright, où est votre essai?
Wainwright: Monsieur, j'ai trouvé un grand livre dans le school library, monsieur, qui s'appelle 'Climate dans le Caribbean', monsieur.
Professeur: Bon. Eh bien?
Wainwright: Je l'ai laissé tomber sur mon pied, svp monsieur, et il a cassé un os. J'ai passé le weekend dans le sick room, avec une fracture.
Professeur: Un pied cassé n'est pas une handicap pour le handwriting.
Wainwright: Matron a dit, rest total. Pas d'effort. Relaxation complète.
Professeur: Hmm. Je vais avoir un mot avec Matron. Calthorp?
Calthorp: Monsieur, mon père travaille en Mexico. Je lui ai demandé dans un email: 'Donne-moi des détails sur le rainfall pour M. Grimble.'
Professeur: Excellent. Et … ?
Calthorp: Il n'a pas répondu.
Professeur: Vous ne pouvez pas lui téléphoner?
Calthorp: Si. J'ai téléphoné. J'ai dit: 'Quel temps fait-il?' Il a dit: 'Très muggy.'

Professeur: Et puis?
Calthorp: Mes free minutes sur mon mobile ran out.
Professeur: Davison?
Davison: Monsieur, au weekend, j'ai joué badminton pour le West of England Under 12¾ team. Je n'avais pas le temps pour un essai.
Professeur: Ce n'est pas une excuse. Je vais vous réporter au headmaster.
Davison: Monsieur, c'est le headmaster qui m'a donné un lift dans sa vieille voiture au game, monsieur. Il a dit: 'Oubliez l'essai, old chap. Je vais parler au vieux Grimble.'
Professeur: Hmm. Ca, c'est différent. Harvey?
Bright: Je ne suis pas Harvey. Je suis Bright.
Professeur: Si vous êtes Bright, où est votre sparkling essai, ha ha?
Bright: (*Il pleure*)
Professeur: Oh, for God's sake, qu'est-ce que c'est que le matter?
Classe: Monsieur, Bright pleure toujours si on fait ce joke.
Professeur: OK, OK, Bright. Je suis sorry. Anstruther?
Anstruther: On a volé ma bicyclette, monsieur.
Professeur: (*avec lourd sarcasme*) Dites-moi, pray, la connection entre une bicyclette volée et le rainfall de Mexique?
Anstruther: Mon essai, avec diagramme et graphes, était dans le saddle bag.
Professeur: C'etait insuré?
Anstruther: Le vélo, oui. L'essai, non.
Professeur: Le prochaine fois, arrangez un all-risk policy sur votre homework. Bell?
Bell: Monsieur, quand vous avez dit 'Rainfall dans Mexico', je croyais que vous avez dit 'Grenville dans Mexico'.
Professeur: Ah! Et vous avez un essai, faute au mieux, sur 'Grenville dans Mexico'?
Bell: Non, monsieur. J'ai fait beaucoup de recherche sur Grenville. Il n'est jamais allé au Mexique.
Professeur: Je commence à sympathiser avec le Grenville. Enfin, Bruce?

Bruce: Monsieur, je suis un membre du Camera Club.
Professeur: Fascinant. Continuez.
Bruce: Samedi, nous sommes allés faire une expédition pour photographier le wildlife dans les Mendips, avec M. Blockley. Nous étions perdus pendant tout le weekend. Nous avons survécu sur nuts, berries et lait gold-top.
Professeur: Lait gold-top? On trouve cela dans le wild?
Bruce: Oui, monsieur. Devant les front doors.
Professeur: Cette histoire est peu vraisemblable. Le lait gold-top n'est plus très au courant, je crois. Je vais faire un check-up avec M. Blockley.
Bruce: Monsieur, M. Blockley est toujours perdu, svp, monsieur.
Professeur: Cela ne m'étonne pas, entre vous et moi. Eh bien, cela laisse dix-huit enfants. Vous avez tous d'excuses, je suppose?
Chorus: Oui, monsieur. Nous sommes tous dans le Camera Club.
Professeur: OK. Je cède. Je crumble. Surrender total. Je suis abject. Votre travail est terrible, mais vos excuses sont excellentes. Je vous félicite sur vos excuses alpha plus. Maintenant, lisez un bon livre, pendant que je sors pour avoir un petit nervous breakdown.

Leçon Fifty-Three

AU BOTTLE BANK

1er Monsieur: C'est ici le bottle bank?
2ème: Oui, oui. Vous avez ici le bottle bank, et là-bas la banque de papier, et voilà la banque de tin cans.
1er: Et l'autre bank, là-bas?
2ème: Ah – là vous avez le charity bank. C'est la banque d'Oxfam, pour les cast-offs et jumble sale stuff. C'est pour les less well-off. Les infortunés.
1er: Je comprends … Et l'autre?
2ème: L'autre quoi?
1er: L'autre bank. Il y a un autre skip là-bas. Un autre bank.
2ème: Vous avez raison. C'est la première fois que je le vois.
1er: C'est un newcomer?
2ème: Oui, c'est un mystery newcomer. Un bank inconnu.
1er: Ne dites pas ça. C'est un peu … scary.
2ème: Hmmm. Allons voir … Ah! Il y a un label sur le bank. Il dit: 'Friend Bank'. C'est peut-être pour les Quakers.
1er: Les Quakers?
2ème: Les Quakers ont un autre nom, vous savez. Le 'Society de Friends'. Un Friend, c'est un Quaker. Donc, ce bank est maybe pour les Quakers …
1er: Ce n'est pas très likely.
2ème: C'est même très improbable …
1er: Allons regarder le label …
2ème: Bonne idée. Le label dit: 'FRIEND BANK. Pour le disposal de old unwanted amis – par exemple, old schoolchums, club bores, in-laws, etc, etc. Jette et Forget!'
1er: Blimey. C'est un peu brutal, je crois.
2ème: C'est même politiquement incorrecte, je crois …
3ème Monsieur: Excusez-moi … ?
1er: Oui, monsieur?

3ème: Je cherche le Friend Bank.
1er: Euh ... il est là.
3ème: Merci. Come on, George!
Georges: Coming, coming.
1er: Euh ... Excusez-moi, mais ...
3ème: Oui?
1er: Vous allez jeter votre ami dans le Friend Bank?
3ème: Trop damn right. George est surplus aux requirements. Once upon a time il était amusant, mais maintenant ... Come on George!
George: Je viens, je viens!
3ème: Montez dans le Friend Bank, voilà un bon fellow! Au revoir!
George: Adieu, rather!
1er: Un moment, un moment!
3ème: Oui?
1er: Look, vous ne pouvez pas abandonner votre ami! Vous ne pouvez pas jeter un comrade sur le scrap-heap de la vie! Un ami est un ami pour life!
3ème: Balls.
George: Bolloques.
3ème: Il est sick de moi, et moi, je suis sick de lui.
George: Donc, c'est le recycling pour moi. Dans le Friend Bank, je trouverai peut-être un nouveau life-style! A 59, je suis toujours ready pour une challenge! Je suis intéressant! J'ai plenty de hobbies, comme steam trains, uniformes militaires ...
3ème: Ah, ces bloody uniformes militaires! Et ces bloody steam trains!
1er: Mais non, mais non! Les steam trains sont fascinants! Ditto les uniformes! Ils sont une passion pour moi!
George: Vraiment? Quelle coincidence! Vous voulez aller avec moi au pub pour un pint et un chin-wag ... ?
3ème: C'est un miracle! Vous avez dejà trouvé un nouveau ami dans le Friend Bank! Au revoir, George!
George: Au revoir!

AVEZ-VOUS UN AMI BEYOND LE SELL-BY DATE? C'EST BIEN SIMPLE – METTEZ-LE DANS LE FRIEND BANK!

Leçon Fifty-Four

CHEZ LE TATTOOISTE

Tattooman: Bonjour, monsieur. Quelle partie de votre anatomie voulez-vous adorner?
Monsieur: Je ne sais pas …
Tattooman: Vous êtes un first-time caller? Bon. Alors, le bras est facile. Et cette mois nous avons un Offer du Month – Un Bras £50, Deux Bras £70! Un bargain, eh? Je peux faire un serpent, un lighthouse, une vase de fleurs, une ancre …
Monsieur: Non, merci.
Tattooman: Bon. Quelque chose sur le chest? Un galléon en plein rig? Un albatross, avec les wing-tips dans votre armpit? Ou bien un motto: 'Harvard University'? C'est le T shirt look!
Monsieur: Non merci. Je désire un tattoo discret.
Tattooman: Oh, là là. Le tattooing et la discrétion, vous savez, ils ne sont pas des bedfellows. Un petit tattoo dans le navel, c'est invisible. C'est de l'argent dans le drain.
Monsieur: Je sais que vous êtes un artiste, mais …
Tattooman: Artiste, oui! Merci pour le compliment. Vous savez, quand je donne un tattoo à un sailor-boy, et il va sur son steamship, je pense: 'Voilà! Je suis exporteur des works of art!' Une fois, j'avais un tattoo dans la Tate Moderne.
Monsieur: Sans blague?
Tattooman: Oui, oui. Admittedly, c'était sur le chest d'un attendant, mais quand même … Dites-moi, monsieur. Vous n'êtes pas le client normal. Vous êtes très AB groupe. Le pin-stripe, et tout cela.
Monsieur: Oui, well, je suis un merchant banker.
Tattooman: N'importe. Je ne suis pas préjugé contre les gros chats.
Monsieur: Et je veux faire tattooer un numéro *très important* sur

mon torso. C'est un numéro secret, que je ne veux jamais oublier.
Tattooman: C'est le numéro de votre account de banque suisse?
Monsieur: Ah, comment vous savez cela?
Tattooman: Vous n'êtes pas le premier, mon vieux. Tiens, l'autre jour j'avais un bloke très high-up de la Labour Party avec un numéro secret, que j'ai fais graver sur son ankle.
Monsieur: Un numéro suisse?
Tattooman: Non. Le numéro d'un oligarche russe, je crois. Mais j'ai un warning très sévère ...
Monsieur: Oui?
Tattooman: Si vous avez un numéro tattooé sur votre corps, et si on vous donne un strip-search à la douane ou à l'immigration, on assume toujours que vous êtes un prisonnier. Numéro de prison, voyez-vous.
Monsieur: Hmm. OK, mettez le numéro dans un lieu très privé.
Tattooman: Je vous dis quoi. *Vous* fermez les yeux, et *moi*, je vais graver le numéro dans un spot que vous ignorez.
Monsieur: Oh, très clever! Si j'ignore le spot, moi, c'est une waste d'un tattoo.
Tattooman: Hmm. Bon point. OK, je vais le mettre dans votre navel.
Monsieur: OK. Mais quand je dicte le numéro, il faut promettre de ne pas écouter, OK?
Tattooman: Promise. Croiser mon coeur et espérer à mourir.

Leçon Fifty-Five

LE PAVEMENT ARTISTE

Monsieur: Cette picture, sur le pavement. C'est tout votre work?
Artiste: Oui.
Monsieur: C'est très bon. Elle a une fluidité, une verve, qui est simultanément optimiste et mélancholique. Elle montre les traces d'influence de Francis Bacon, il est vrai, mais …
Artiste: Vous êtes un art critic, ou something?
Monsieur: Oui.
Artiste: Alors, scram! Je n'aime pas les critics. Les critics sont l'acne sur la complexion de l'art.
Critic: C'est un peu hard.
Artiste: Pas du tout. J'etais ruiné par les critics, moi!
Critic: Dites-moi votre triste life-story.
Artiste: Once upon une fois, j'étais un big name. Régulier dans le Summer Show, featuré dans les Sunday mags … Et puis – désastre! Une profile sur le *South Bank Show*!
Monsieur: C'est un disaster?
Artiste: Oui. Oh, M. Bragg était tres amiable, but l'art world était terriblement jaloux. Sold out … populiste … artiste commercial … les insultes étaient endless. Suddenly, j'étais dans le cold, une non-personne. Désillusioné, j'ai vendu mon studio et maintenant je travaille sur les pavements.
Monsieur: Et vous gagnez un living?
Artiste: Je gagne une fortune! D'abord, j'impose un voluntary admission fee de £2. Et après, les Américains achètent mon work pour millions de dollars.
Monsieur: Un moment, svp. Comment pouvez-vous merchandiser les paving-stones?
Artiste: Facilement. Je rentre avec un crow-bar dans la middle de la nuit, et je les rémove forciblément. Mes pavement

pictures sont très chic sur 5th Avenue.

Monsieur: Ah! Vous êtes Jack Grigsby!

Artiste: Oui. Comment vous savez?

Monsieur: Voici mon triste life-story. Once upon une fois, j'étais art critic pour un grand Sunday. J'étais le Clive James de Bond Street. Un jour, j'ai écrit un article sur vous: 'Jack Grigsby, Un Grand Artiste'. C'était le jour de votre *South Bank Show*. J'étais un laughing-stock. J'ai reçu le sack. J'ai travaillé un peu pour le *Daily Mirror*, puis Maxwell m'a donné le chop. Maintenant, je suis unemployable. Je suis devenu pavement critic.

Artiste: Pavement *critic*?

Monsieur: Oui. Comme vous, je travaille sur le pavement. Comme, par exemple … Cette landscape de Dorset montre un pleasing talent pour la composition, avec overtones d'une nostalgie lyrique et une énergie plastique qui …

Artiste: Un moment. Voilà £2 pour vous.

Monsieur: Merci.

Artiste: Maintenant, scram!

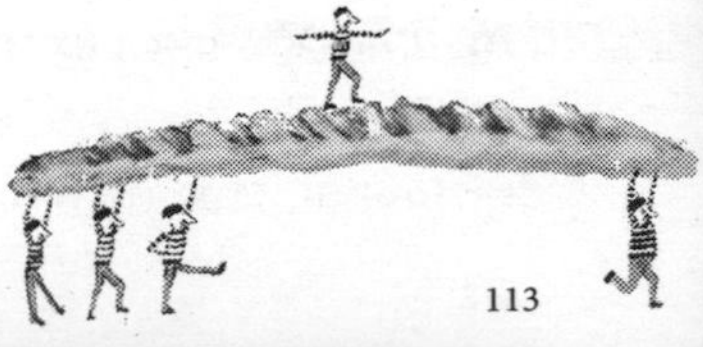

Leçon Fifty-Six

UNE AUTRE CHIN-WAG DANS LE RÉFÉRENCE LIBRARY

Monsieur: Pardon, madame …
Librarienne: Chht!
Monsieur: Pardon?
Librarienne: Shhh! Ne voyez-vous pas le placard: SILENCE?
Monsieur: Ah. (*Dans un whisper*) Madame, je cherche un document très valuable …
Librarienne: Nous ne sommes pas Lost et Found ici, monsieur. C'est un référence library.
Monsieur: Oui, je sais. Je cherche quelque chose qui est très valuable pour moi. Pour vous c'est seulement un numéro dans un catalogue.
Librarienne: Monsieur, everything dans mon référence library est precious pour moi! C'est ma vie! Ces magazines, ces journaux, ces directoires de téléphone – ils sont tous mes enfants!
Monsieur: Yes, well, je cherche une magazine.
Librarienne: Une magazine? Quelque chose de sporting? Une magazine exotique, comme *Paris Match*? Une magazine intellectuelle, comme *Radio Times*?
Monsieur: Je cherche *Which?* Magazine.
Librarienne: Ah, bon vieux *Which?* C'est curieux, vous savez. C'est le seule magazine avec une marque de punctuation en hindermost position. Ce point d'interrogation, ce petit '?' dans *Which?*, c'est bizarre, non?
Monsieur: Non, je ne crois pas …
Librarienne: Mais si! Si vous allez dans un bookstall et vous dites, 'Avez-vous *Which?*?' vous avez deux question marks dans un row. Amazing, eh?

Monsieur: Non pas spécialement. Après tout, il y avait le magazine de Jimmy Goldsmith, *Now!* magazine. Well, *Now!* avait un exclamation mark. On pourrait dire: 'Donnez-moi *Now!*!' et vous auriez deux exclamation marks dans un row.
Librarienne: Monsieur, il n'y avait pas une exclamation mark dans *Now*. Vous aviez peut-être trois capital lettres, comme NOW.
Monsieur: Ah, non, je ne crois pas. Si vous mettez NOW, c'est une abbreviation pour *News of the World*.
Librarienne: Mais non, mais non. Si vous voulez l'abbréviation pour *News of the World*, vous mettez un grand N et W, mais un petit O. C'est: 'NoW'.
Monsieur: C'est curieux. Un newspaper avec une abbreviation. I mean on ne dit pas DM pour *Daily Mail*, ou GH pour *Glasgow Herald*. Mais on dit NoW pour *News of the World*. C'est unique.
Librarienne: Mais non! Vous avez FT pour *Financial Times*.
Monsieur: C'est vrai. Et aussi on dit RT, pour *Radio Times*.
Librarienne: Mais c'est très ambigu, parce que 'RT' est identique à 'arty'. Si vous me dites: 'Je cherche des RT back numbers', peut-être en realité vous dites 'Je cherche des arty back-numbers'! … Anyway, quelle magazine vous cherchez?
Monsieur: Oh, Lord. J'ai oublié. Blimey. Oh well, merci pour le petit chin-wag.
Librarienne: Un plaisir.

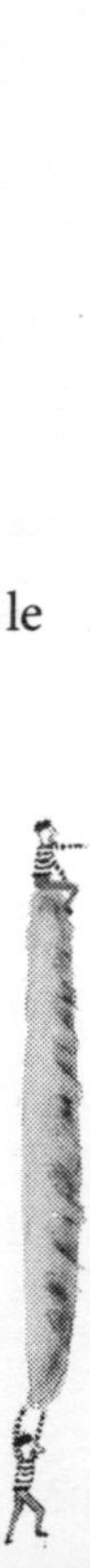

Leçon Fifty-Seven

À LA RECHERCHE D'UN SWORD-STICK

Madame: Oui, monsieur?
Monsieur: Un sword-stick, s'il vous plaît.
Madame: Pardon?
Monsieur: Un sword-stick. Vous savez, un stick, avec un sword dedans.
Madame: Je ne crois pas que nous avons … c'est à dire, il n'y a pas la demande. Les duels sont très vieux jeux.
Monsieur: Je n'ai pas l'intention de battre un duel. Chaque jour, j'ai l'habitude de prendre un country walk. Le stick, c'est pour abattre les nettle et thistles.
Madame: Et le sword?
Monsieur: C'est pour assassiner les trespasseurs.
Madame: Ah, monsieur, c'est contre la loi. Si vous achetez un sword, il est un weapon dangereux. Je ne veux pas aider et abetter un crime comme ça. Je ne veux pas être accessoire à un assassinat!
Monsieur: Oh, pour l'amour de Dieu, woman – ne soyez pas un powder-puff! Un bon stabbing, c'est l'unique langue qu'ils comprennent, ces rascals.
Madame: Je dis non. Je suis solide sur ceci.
Monsieur: Vous ne vendez pas les petits revolvers, handles de perle, modèle de lady?
Madame: Pour tuer les trespasseurs?
Monsieur: Oui, un peu.
Madame: Non plus.
Monsieur: Peut-être des man-traps? Ou des lariats?
Madame: Monsieur, vous vivez dans le wrong century.

Monsieur: Alors, que vendez-vous?
Madame: Des parapluies et des parasols.
Monsieur: Pas de paratrespasseurs?
Madame: Non!
Monsieur: Ah! J'ai une idée. Avez-vous ce modèle de parapluie de Bulgarie, avec les poison darts, qui était si efficace pour assassiner des dissidents dans les Seventies?
Madame: Non.
Monsieur: Quelle sorte de magasin des parapluies, qui n'offre même pas un parapluie fatal?
Madame: C'est un magasin respectable, monsieur.
Monsieur: Alors, donnez-moi un parapluie respectable.
Madame: Bon. Voilà, monsieur. Un parapluie pacifiste.
Monsieur: Au contraire. Je vais faire le sharpening du petit bout, de la ferrule, quoi, pour en faire un beau petit stabbing umbrella. En garde, les trespasseurs! Lay on, Macduff!

Leçon Fifty-Eight

DANS LE HOSPITAL CORRIDOR

Homme Sur Un Trolley: Ouf! Ah! E-u-u-gh!
2ème Homme Sur Un Trolley: Un peu de silence, svp!
1er Homme: Quoi?
2ème Homme: Tout votre crying, et moaning, et whingeing. C'est très disruptif. Un peu de hush, svp.
1er Homme: Mais je suis en agonie, moi! Aussi, j'ai faim. C'est mon troisième jour sur ce trolley. Je suis arrivé Monday. C'est maintenant Wednesday. Je suis famished!
2ème: Hmmm. Vous avez vu une nurse? Ou un docteur?
1er: Fat chance. Le moment je suis venu, on m'a dit: 'Attendez ici un moment – on va trouver un lit.' Ça, c'est Monday. Nous sommes maintenant Wednesday!
2ème: Je sais.
1er: Et maintenant je suis dans mon troisième jour sur un bloody trolley. Trois jours! C'est peut-être un world record. Je vais écrire une lettre à l'editor du *Times*: 'Sir, J'ai passé half a week sur un trolley dans un fameux hospital! S'il vous plaît, passez cette information au *Guinness Livre de Records*.'
2ème: Et votre adresse?
1er: Pardon?
2ème: Quand vous envoyez une lettre à l'editor du *Times*, c'est de quelle adresse? De votre home? Ou de 'Trolley no 2, Corridor no 5, Le No-Hope Hospital?'
1er: Ah, j'attrape votre drift. Oui, vous avez un point là. Eh bien, how about 'No Fixed Bedpan'?
2ème: Très drôle ... A propos, vous êtes malade de quoi?
1er: Je ne m'en souviens pas. Don't remember.
2ème: Ah – vous avez l'amnesia!
1er: Non, non, non, non – je n'ai pas l'amnesia. Je crois que je suis ici pour une opération d'emergency. Il y a quelque chose dans

mon intestin qui ne marche pas. Mais après trois jours, le memory commence à jouer des tricks … Je suis arrivé Monday, vous savez …
2ème: Oui, oui, oui, oui, je sais!! … Et vous n'avez pas eu de treatment?
1er: Well, dans tout fairness, on Tuesday une nurse est venue et elle m'a dit, 'How's tricks?'
2ème: Chic.
1er: Et vous?
2ème: Moi?
1er: Votre complaint? De quoi vous êtes malade?
2ème: Oh, je ne suis pas malade!
1er: Non? Alors, pourquoi … ?
2ème: Je suis un junior hospital doctor. J'ai un work-shift de 48 heures. Je travaille 48 heures sans un coffee break. Je suis knackered. Crevé. Whacked. Bushed. Donc je cherche un petit resting-place, un bon spot pour une siesta, et j'ai trouvé ce trolley.
1er: Alors, vous êtes un docteur?
2ème: Oui.
1er: Alors vous pouvez me donner le once-over? Un quick check?
2ème: Non.
1er: Go on!
2ème: Non. Je suis off-duty.
1er: Look … Si vous me donnez un health check, vous pouvez avoir mon lit. Pour votre beauty sleep.
2ème: Ici? Dans l'hospital?
1er: Non, non! Dans mon home! Chez moi! C'est dans le vicinity. C'est à 10 minutes d'ici. Tiens, voilà mes house-keys. J'ai un grand feather bed …
2ème: Hmmm … C'est très attractif …
1er: C'est un bargain. Vous me donnez 10 minutes d'attention, et vous avez 10 heures de shut-eye!
2ème: C'est un deal! … Tiens, j'ai un paquet de biscuits digestifs ici. Vous voulez manger un?
1er: Non, merci. Question de crumbs dans les bedsheets, vous savez.
2ème: OK. Maintenant, je vais vous inspecter. Ouvrez la bouche et dites 'Aaaaah!' …

Leçon Fifty-Nine

DANS LE POLLING BOOTH

Official: Nom?
Voteur: Arthur Floater.
Official: Addresse?
Voteur: Pourquoi voulez-vous savoir? C'est une élection secrète, non?
Official: Il faut faire le checking de l'électorat. Pour un safeguard contre le multiple voting. S'il y a 60,000 gens dans un constituency, et le voting est 65,000, c'est très embarrassant pour nous.
Voteur: Humph. OK. 39, Stafford Cripps Mansions.
Official: Voilà votre forme de voting.
Voteur: Merci. Maintenant, quoi?
Official: Vous entrez dans le booth, vous marquez votre forme, vous le mettez dans la boîte comme une grande banque de piggy.
Voteur: Et après?
Official: Rien. C'est au revoir et merci.
Voteur: Hmm. OK. (*Il va. Il revient.*) Le crayon est blunt. Je ne peux pas écrire avec.
Official: Il n'est pas mandatoire d'employer le crayon gouvernemental. Si vous avez un stylo dans votre poche …
Voteur: Oh, là là? La privatisation du voting! Le cost-cutting! Je proteste contre …
Official: Voilà, monsieur – je vous emprunte mon crayon. Et maintenant, svp, vous formez un blockage.
Voteur: Bon. J'y vais. (*Il va. Il revient.*) Je veux voter pour le Libéral. Comment il s'appelle?
Official: Ah, monsieur, il ne m'est pas permis de discuter les candidats.
Voteur: Ah, bon – vous pouvez demander mon adresse, mais

si je demande le nom d'un candidat … !
Official: Shh, monsieur … Eh bien, il n'y a pas de Libéral. Il y a seulement un Lib-Dem.
Voteur: Je n'aime pas le Lib-Dem. Je veux voter Libéral, seulement. Je vais à un autre constituency. Bonjour.
Official: Mais non! Pour tout le monde à Stafford Cripps Mansions, le voting est obligatoire ici.
Voteur: Et vous appelez cela une democratie! Tenez – ce numéro sur le forme de voting. C'est quoi?
Official: C'est pour le checking, dans une émergencie.
Voteur: Mais, c'est monstrueux! Vous demandez mes details personnels. Vous me déprivez d'un Libéral. Et maintenant je trouve que ce n'est pas un ballot secret! Vous désirez aussi mes finger-prints? Mes measurements intérieur de jambe?
Official: Monsieur …
Voteur: Ne me dites rien. Je ne veux pas assister à cette farce. Je veux protester à mon MP! … A propos, c'est qui, mon MP?
Official: Vous n'avez pas de MP. Dans une élection …
Voteur: Je n'ai pas de MP? C'est le straw final! Au revoir, monsieur. Je vais émigrer en Australie.
(*Il emigre en Australie. Encore un Pom qui whinge. Pauvre vieille Angleterre! Nous prions les lecteurs de voter tranquillement, sensiblement et souvent. Merci.*)

Leçon Sixty

CHEZ LE HYPNOTISTE

Hypnotiste: Bonjour, monsieur. C'est votre première visite, chez une hypnotiste?

Monsieur: Oui. Eh bien, j'ai vu une fois un bloke qui faisait un stage act de hypnotisme. Il était terrifique. 'Le Grand Zandor', il s'appellait. Il a hypnotisé un volunteer et lui a persuadé qu'il était Elizabeth II. Talk about rire!

Hypnotiste: Bon. Je connais ce Grand Zandor. Il est un fraud. Moi, je suis sérieux.

Monsieur: Et moi aussi.

Hypnotiste: Bon. Maintenant, que voulez-vous que je fasse? Vous embarquez sur une no-smoking course? Ou la méditation? Ou un programme anti-stress?

Monsieur: Non, non. C'est une matière délicate. J'ai rencontré cette fantastique lady. Un knock-out. À une partie. Nous étions un peu …

Hypno: Sous l'influence?
Monsieur: C'est ça. C'était l'amour à premier sight. Elle m'a donné son numéro de télèphone et …
Hypno: Et?
Monsieur: Et je l'ai oublié. Il a passé de ma mémoire. Un void complet.
Hypno: Et vous voulez que je vous hypnotise, et vous demande le numéro de la lady?
Monsieur: Oui. Il est très important pour moi.
Hypno: Well, il est très petty pour moi, mais … OK. Relax. Allez limp (*Le bloke est hypnotisé.*) Monsieur, vous avez récemment rencontré une femme à une partie. Vous l'aimez beaucoup.
Monsieur: Oui! Oh, oui! Elle est terrif! Elle a une paire de smashing …
Hypno: OK, OK. Quel est son numéro de téléphone?
Monsieur: C'est none de votre business! Cherchez une bird pour vous-même!
Hypno: Il est hopeless. (*Il mène la trance à une conclusion.*)
Monsier: Eh bien? Vous avez le numéro?
Hypno: Non, monsieur. Vous ne coopérez pas. Vous m'avez dit: 'Get perdu!'
Monsieur: Oh, Lord. Donnez-moi un autre try. Je promets de vous aider.
Hypno: OK. Relax … (*Une seconde trance.*) Quel est le numéro de la femme?
Monsieur: De la femme? De quelle femme? Ah, de *ma* femme! Son numéro est mon numéro. C'est le même, dunderhead.
Hypno: Ah, vous êtes marié! Rascal! Home-breaker! (*Il termine la trance.*) Bon. Ici vous avez un numéro. Téléphonez-le.
Monsieur: Il est le numéro de cette knock-out chick?
Hypno: Non. Du Marriage Guidance Council. Vous êtes en need de help. Maintenant, out!

Leçon Sixty-One

DANS LE QUICHE BAR

Barman: Oui. Monsieur?
Monsieur: Deux verres de vin, svp. Un beaker de Château Windus et un goblet de Asti Martin.
Barman: Sorry, monsieur. Nous n'avons pas les vins en question.
Monsieur: Vous n'avez pas … ? Mais vous êtes un wine bar, n'est-ce pas? Et vous n'avez pas un grand fruity vin comme Château Windus, ni un gai sunshine growth comme Asti Martin? C'est shameful!
Barman: Vous faites un basic erreur. Nous ne sommes pas un wine bar. Nous sommes un quiche bar.
Monsieur: Un *quiche* bar? Mais je ne comprends pas très bien …
Barman: … la différence? Je vous donne un bref run-down. Dans un wine bar vous avez 100-200 vins différents, n'est-ce-pas, mais seulement une quiche.
Monsieur: Oui. Normalement spinach.
Barman: Oui. C'est à dire, pour un wine buff le wine bar est un home from home, mais pour un quiche buff, c'est un dead-end.
Monsieur: Avec vous so far.
Barman: Bon. Mais, dans un quiche bar, vous avez absolument l'opposite. Vous avez deux espèces de plonk, et 100-200 espèces de quiches. Pour un quiche freak, c'est paradis. Pour un wine buff, c'est un nightmare.
Monsieur: Il y a 100-200 quiches différentes?
Barman: Oh, là là, oui. Vous avez œuf 'n' bacon, liver et champignon, prawn et Hellmann's, poisson fumé, muesli et yoghurt, bread 'n' butter pudding…
Monsieur: OK, OK. J'attrape l'idée. Mais il y a vraiment des quiches freaks?

Barman: Absolument. Par example, le paire next door. Ecoutez un moment leur conversation …

Quiche Freak No.1: Que pensez-vous de cette nouvelle quiche avec rum, raisin et ginger?

Quiche Freak No. 2: Hmm. C'est amusante.

Freak 1: Oui, amusante.

Freak 2: Mais, à la fin, tiresome.

Freak 1: Oui, tiresome. Mais j'aime bien la quiche avec fennel, caraway et chicken avec mango. C'est très … adventurous, sans être trop Guardianesque.

Freak 2: Oui. Exciting, sans être adulterous.

Freak 1: Oui. Sinful, sans être wicked …

Monsieur: Je ne peux pas croire mes oreilles. Ces blokes sont round le twist. Ils discutent les quiches comme si elles étaient …

Barman: Des vins?

Monsieur: Well, oui.

Barman: Eh, voilà. Pour vous les wine freaks sont OK, et les quiches freaks sont barmy. Mais pour un barman, ils sont both barmy. Voilà le quiche list, monsieur. Aujourd'hui le spécial est le corn, banana et anchovy.

Leçon Sixty-Two

LE ROUTINE CHECK DE POLICE

Policier: (*Il donne un knock à la porte. La porte s'ouvre.*) Bonjour, madame.

Madame: Oh, mon Dieu! La police? Ah non, c'est terrible! Oh, je commence à pleurer!

Policier: Maintenant, maintenant, calmez-vous. Vous êtes Madame Nelson?

Madame: Oui. Et quoi si je suis? Je n'ai rien fait! Je suis innocente! Bon, arrêtez-moi! Torturez-moi! Je ne confesserai pas!

Policier: Madame, regardez-vous beaucoup de télévision?

Madame: Oui. Pourquoi?

Policier: Parce que vous êtes comme une caractère dans un thriller transatlantique. Vous overactez. Vous avez les yeux comme Peter Lorre.

Madame: Charmant, je suis sûre.
Policier: Je fais seulement un maison-à-maison check. C'est routine.
Madame: Ah, c'est un search pour un mass meurtrier! Vous cherchez un Jacques le Rippeur! Ici, dans cette tranquille estate de housing, il y a un monstre sans parallèle!
Policier: C'est vrai? Vous avez son nom?
Madame: Je suppose que vous suspectez mon mari. Juste parce que Tom est un chaffeur de juggernauts, et absent tout le temps sur ses trips de longue distance; juste parce qu'il n'a pas un alibi; juste parce qu'il a un appétit insatiable …
Policier: Un appétit … ?
Madame: Insatiable. Vous cromprenez bien?
Policier: Un appétit insatiable. Oui, je comprends. Je crois.
Madame: Eh bien, pour tout cela, vous suspectez mon mari d'être un monstre et un mass assassin! Oh, c'est dégoûtant!
Policier: Mais non, je n'ai rien contre votre mari. Il n'y a pas d'assassins à large.
Madame: Maintenant vous me le dites.
Policier: J'ai un errand très simple. On a rapporté un missing chien. Il s'appelle Wogan. Et je demande si on a vu ce Wogan.
Madame: Et vous croyez que mon mari, Tom, a volé le chien?
Policier: Mais non! Look, votre mari est ici?
Madame: Non. Il est absent à Bradford pour trois jours. Lui et son appétit … J'entends la kettle qui siffle. Vous voulez une tasse de char?
Policier: Eeuh, non, vraiment …
Madame: Nonsense. Une tasse de thé sera juste la chose. Entrez. Prenez un petit sit down. Vous savez, avec un mari qui est un lorry man, la vie est un peu solitaire. Vous aussi, la vie est un peu solitaire?
Policier: Oui, je suppose, un peu …
Madame: Entrez, entrez! Fermez la porte!
Policier: Ce Wogan. Il est blanc …
Madame: Dans un moment. First, je veux écouter votre life histoire …

Leçon Sixty-Three

CHEZ LE PARAPSYCHOLOGISTE

Client: Vous êtes un parapsychologiste?
Shrink: Oui. Pourquoi?
Client: Pourquoi pas? Je veux prendre avantage de vos gifts, vos powers, comme un parasychologiste.
Shrink: Oh, là là – mes powers! Vous savez, je ne suis pas un wizard.
Client: Mais je veux contacter Arthur Koestler.
Shrink: Qui est Arthur Koestler?
Client: Il est un très important writer.
Shrink: Alors, téléphonez-lui. Ou droppez-lui une ligne.
Client: Mais – il est mort!
Shrink: Ah. Là, vous avez un problème.
Client: Mais avec votre gift de parapsychologie, vous pouvez fixer un link à Koestler!
Shrink: Non, non, non. Il y a un grand misunderstanding ici. Un très commun misunderstanding, by the way. Vous connaissez les Paras? Le para gliding? Le Para Regiment, etc?
Client: Oui.
Shrink: Eh bien, je suis un psychologiste du parachuting. Pour short, un parapsychologiste. Mon job en life, c'est la psychologie du parachuting.
Client: Ça existe, la psychologie du parachuting?
Shrink: Mais, oui! C'est très Freudien, même. Tenez, vous avez la grande aeroplane qui est Mummy, et vous avez la parachute qui est le cord umbilical, et vous avez le bloke avec la parachute qui est … well, mon patient, généralement.
Client: Et Papa?
Shrink: Papa, symboliquement, est le bloke dans la grande

aeroplane qui fait le shouting: 'Come on, jump, vous bleeders, jump!'

Client: Blimey. Je n'y avais jamais pensé. So, vous effectuez une cure pour l'addiction au parachuting?

Shrink: Absolument. Il y a des fellows qui sont dangereusement addictés. Avec eux, c'est jump, jump, jump, tout le temps. Mais moi, je sais bien que c'est un attachement fatalement immature à ses parents. Donc, j'explore son childhood, et je cherche les raisons pour son illness.

Client: Et il y a d'autres gens qui sont terrifiés du parachuting?

Shrink: Oui, oui, spot on.

Client: Et ils sont terrifiés, parce qu'ils ont quelque childhood hang-up?

Shrink: Non, non – mostly ils sont terrifiés parce que le parachuting est bloody dangereux.

Client: Vous avez jamais parachuté, vous?

Shrink: Good heavens, non. Ma Mummy ne m'a jamais laissé.

Client: Anyway, vous ne pouvez pas me mettre en touch avec Arthur Koestler.

Shrink: Mais si, mais si! Montez dans une aeroplane et jump! Mais, *without* une parachute!

Leçon Sixty-Four

LA LEÇON DE MUSIQUE

Professeur de musique: Bonjour, Isabelle.
Elève: Bonjour, monsieur.
Professeur: Vous avez fait votre practising?
Elève: Oh oui, monsieur.
Professeur: Et votre nouveau morceau?
Elève: Oh, absolument, monsieur.
Professeur: Bon, bon. C'est *Le Petit Coucou* par Mistlesteiner, n'est-ce pas?
Elève: Non, monsieur. C'est *Gavotte No. 14* par Karl Rumenigge Bach.
Professeur: Vous êtes sûre? J'étais sous l'impression que la gavotte de Bach était le morceau que vous avez preparé pour Grade No.11?
Elève: Non, monsieur. Ça, c'était *Dancing Rainbows* par Ethel Tweedy.
Professeur: Hmm. C'est funny. Well, OK. Ecoutons la gavotte. (*Elle joue.*) Hmm. Pas mauvais. Mais j'ai l'impression que ...
Elève: Oui?
Professeur: ... que vous n'avez pas beaucoup pratiqué.
Elève: C'est vrai, monsieur.
Professeur: Look. Une leçon est inutile si vous ne pratiquez pas. Pour moi, pour vous, pour votre mère qui paie ...
Elève: Mais, monsieur, je n'ai pas le temps! Je suis dans une panique pour mes GCSEs, je fais un paper-round, je travaille dans la maison pour ma mère, qui a perdu son job, et mon grand-papa est mort l'autre jour, et le docteur dit que j'ai anorexia nervosa ...
Professeur: C'est vrai, tout ça?
Elève: Non, monsieur.

Professeur: Hmmm. Ecoutons la scale de A majeur. (*Elle joue.*) C'est affreux. C'est terrible.
Elève: Oui, monsieur. Je n'aime pas la scale de A majeur.
Professeur: Quelle scale vous préférez?
Elève: Je déteste toutes les scales. Je déteste tous les morceaux. Je déteste la musique.
Professeur: C'est normal avec les élèves de musique. Quand j'étais à l'Académie de Musique à Lisbon, moi, je ne pratiquais pas.
Elève: C'est beau, Lisbon?
Professeur: Ah, oui! J'aime beaucoup Lisbon. J'avais une girlfriend à Lisbon, Maria Caterina, qui était beaucoup de fun. Un jour, elle et moi … Un moment. Je vous ai raconté mes histoires de Portugal la semaine passée, n'est-ce pas?
Eleve: Oui, monsieur. Et toutes les semaines. Après cinq minutes, c'est toujours le side-tracking avec vous.
Professeur: C'est vrai? Hmm. Eh bien, anyway, un jour Maria-Caterina me propose une visite à un bull-fight. Je n'avais jamais regardé un bull-fight et j'ai dit oui. Le jour du bull-fight, nous … *(Etc, etc, jusqu'*à *la fin de la leçon …*)

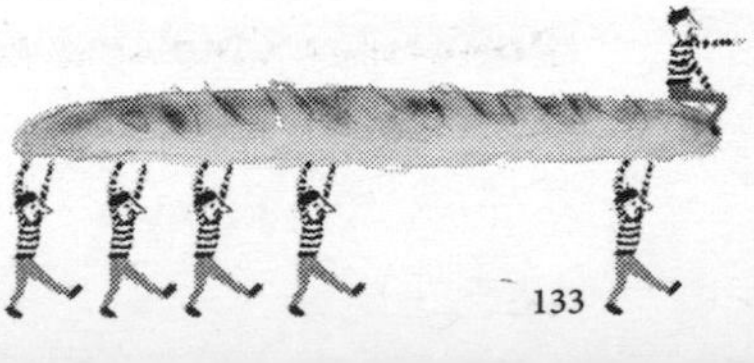

Leçon Sixty-Five

LE PROGRAMME DE COOKING À LA TV

Télévision: Et maintenant, voici Madeleine Brioche avec une autre leçon de cuisine. Aujourd'hui la casserole de beuf avec moutarde.
Femme: Ah, bon! J'aime le hearty eating. Vivent les calories.
TV: Bonjour, tout le monde.
Femme: Bonjour, Madeleine.
TV: Cette casserole est simple, mais jolly effective – et elle est économique.
Femme: OK, coupez la cackle.
TV: Mais je vais couper la cackle et procéder directement aux ingrédients. Vous avez le braising steak?
Femme: Oui. Mais combien?
TV: Il vous faut environ un kilo.
Femme: Un kilo? Je ne comprends pas les kilos. Donnez-le-moi en avoirdupois.
TV: C'est à dire, environ 2lbs.
Femme: Merci.
TV: Avez-vous aussi les oignons, la moutarde, le dripping et quelques carottes?
Femme: Oui. Tout présent et correcte.
TV: Et un peu de vin rouge?
Femme: Oh, soddez-le. J'ai oublié le vin rouge. Un moment, s'il vous plaît!
TV: Vous prenez les oignons et mettez-les dans le dripping.
Femme: Non, non, je ne suis pas prête! Où le diable est le … ah, voilà! Chateau Cissac, 1997. Hmmm. C'est un peu snob pour le cooking.

TV: ... et puis une clove de garlic.

Femme: Mais je n'ai pas le temps. Allez avec le Château Cissac! Où est le corkscrew?

TV: Stirrez un peu ...

Femme: OU EST LE CORKSCREW? Dans le drawer ... Où est le drawer? Voilà le drawer ... Pourquoi est le drawer jammé shut?

TV: Voilà. Nous avons le boeuf. Les oignons. Et les seasonings. Maintenant pour le vin.

Femme: J'arrive, j'arrive! Je ne peux pas ouvrir le drawer! Donnez-moi un break pour l'amour de Délia!

TV: ... deux verres de vin. Maintenant la moutarde ...

Femme: Stuffez la moutarde. Je ne peux pas trouver le corkscrew ... ah, voilà! C'est ouvert. Maintenant, le plonk ...

TV: Et voilà! Poppez la casserole dans l'oven, et laissez pour deux heures.

Femme: Mais je n'ai pas commencé le cooking! Madeleine, répétez!

TV: Et au revoir. Next week, le syllabub.

(Deux heures plus tard. Entre le mari.)

Mari: Darling, je ne suis pas normalement inquisitive, mais pourquoi vous êtes slumpeé sur la table avec votre tête dans une assiette de chuck steak cru et une bouteille de Château Cissac 1977 absolument vide à côte? Pourquoi est la TV dans la cuisine? Et pourquoi vous avez *Les Télétubbies* plein blast?

(*Reponses sur une carte, s'il vous plaît, à Madeleine Brioche, TV Centre.*)

Leçon Sixty-Six

DANS LE TRENDY ICE CREAM PARLOUR

Customer: Bonjour.
Icegirl: Bonjour, madame. Vous désirez ... ?
Customer: Mmmm ... C'est difficile. Vous avez un plethora d'ice creams. Un glut de glaces.
Icegirl: Oui, nous avons une superabondance de sorbets. C'est le whole point.
Customer: Lequel est le whole point?
Icegirl: Well, avec une grande sélection de glaces, vous avez le freedom de choice. Avec seulement vanilla, vous êtes dans une no-choice situation. Mais ici nous avons 70 flaveurs! C'est brilliant! Et bien, vous désirez?
Customer: Mmmm ... je ne sais pas. Qu'est-ce que c'est que la glace noire? Le black ice, là.
Icegirl: Noir? C'est liquorice ice cream.
Customer: Ugh. Glace de liquorice? C'est impossible!
Icegirl: Rien n'est impossible. C'est notre motto. 'Anything you Please, Dans le Deep Freeze.'
Customer: Hmmm ... Et la glace crimsone?
Icegirl: La glace écarlate? C'est lipstick.
Customer: *Lipstick ice cream*? C'est une joke, ou quoi?
Icegirl: Non, ce n'est pas une joke. C'est très populaire.
Customer: Avec qui?
Icegirl: Avec le gai community.
Customer: Hmm. Et la turquoise?
Icegirl: La glace turquoise? C'est pistachio et turpentine.
Customer: *Pistachio et turpentine?* C'est une autre joke ou quoi?
Icegirl: Non, ce n'est pas une autre joke. C'est un novelty line, le pistachio et turpentine, mais c'est très populaire.
Customer: Avec qui?
Icegirl: Avec les lumberjacks d'Iran. Alors, vous désirez ... ?

Customer: Hmmmm … Et la glace rouge et blanche?
Icegirl: Rouge et blanche? C'est fishcake 'n' ketchup ice cream. C'est aussi un novelty number.
Customer: *Fishcake 'n' ketchup?* C'est une joke, assurément?
Icegirl: Oui, c'est un joke. Ce n'est pas fishcake 'n' ketchup. Vraiment, c'est caviar 'n' cocaine.
Customer: Caviar 'n' cocaine? Blimey, c'est expensif?
Icegirl: Oui. £1,000 un spoonful.
Customer: Saint Mackerel!
Icegirl: Alors, madame, vous allez choisir? Je n'ai pas toute la nuit.
Customer: Hmmm … La glace, ici, avec les petits morceaux?
Icegirl: Ca? C'est le pasta 'n' parmesan ice cream.
Customer: Mon dieu! Quelle abomination! Vous ne pouvez pas mettre la pasta dans la glace!
Icegirl: Pourquoi pas? Nowadays, vous avez la pasta avec le chocolat ou avec le café. So, ice cream avec pasta, c'est logique. Alors, vous désirez?
Customer: Oh, je ne sais pas …
Icegirl: Hurry up, mon amie. Nous fermons dans trois heures.
Customer: *(dans floods de crying)* Oh! Ne me parlez pas comme ça! C'est brutal! Vous êtes comme mon boyfriend!
Icegirl: Ah, je comprends maintenant. Vous avez eu un tiff avec le boyfriend!
Customer: Oui *(sniff)* …
Icegirl: … Qui est un insensitif bâtard …
Customer: Oui!
Icegirl: Et maintenant vous cherchez un comfort snack!
Customer: Exactement!
Icegirl: Vous cherchez la sympathie et understanding dans un cornet!
Customer: Spot on!
Icegirl: Pour vous je recommande le Welsh Rarebit Ice Cream!
Customer: Le quoi?
Icegirl: Le Welsh Rarebit Ice Cream! C'est cheesy et fatty et slobby, juste comme un boyfriend!
Customer: Vous avez raison! Un Welsh Rarebit Ice Cream, svp!
Icegirl: Coming up …

Leçon Sixty-Seven

UNE VISITE AU PICK-YOUR-OWN FARM

Papa: Oh mon dieu. Oh mon back. Oh mon arthritis.
Maman: Vous etes un whingeur. Shut up et pick your own.
Papa: Non, mais j'ai un stoop permanent déjà. C'est murder.
Maman: Regardez. Nous sommes arrivés à 405 Hectare Farm, prop J. Whitworth, à 10.35 am. Nous sommes ici pour faire un harvest de ses Fraises/Framboises/Loganberries. Et déjà vous faites un fuss.
Papa: Quelle heure est-il?
Maman: 10.47.
Papa: Oh mon dieu. Oh mon perissant lumbago ... Pourquoi 405 Hectare Farm?
Maman: Dans les vieux jours, ils s'appelait 1,000 Acre Farm, mais il a été metriqué.
Papa: Voilà du progress.
Maman: Du progess? Vous avez fait du progress, vous? Moi, j'ai un panier plein de fraises. Un boîte de framboises. Et un bowl de loganberries. Et vous?
Papa: Eh bien ... J'ai un teacup de framboises.
Maman: C'est pathétique. Ah. Je vois pourquoi. Ce trail de stalks et left-overs ... Vous mangez tous!
Papa: Well, pas exactement. Je fait une petit tasting. Il faut être sûr, non?
Maman: Et vous approuvez?
Papa: Oui.
Maman: Bon, Maintenant, shut up ct pick your own.
Papa: Bon ... Quelle heure est-il?
Maman: 10.51.

Papa: Oh mon back. Oh Gordon Bennett. Ah, je comprends maintenant la misère des cotton-pickers dans le Sud Profond. J'ai une sympathie intense avec les serfs du Tsar, dans les champs de pommes de terre. Moi, aussi, je dis: 'Vive la Révolution!'
Maman: Quelle révolution?
Papa: La révolution de libération! Le jour où tous les strawberry-pickers du monde montent en révolte, et attachent J. Whitworth à un lamp-post convenient!
Maman: Vous êtes commes tous les revoluionaries. Beaucoup de talk, très peu d'action. Vous avez combien de fraises?
Papa: 15.
Maman: Ah, non, mais non! Votre tally est *diminissant*! Vous mangez tous!
Papa: J'ai faim. Le vie d'un serf, elle est dure.
Maman: Serf, mon pied. Vous êtes un serf comme je suis une slave du marriage-trap.

Papa: Ah, ne recommençons tout cela!
Maman: Bon. Alors, shut up et pick your own.
Papa: Oui, darling … Oh mes knees. Oh mes joints rheumatiques … !

*(Et cetera, ad nauseam ou ad 11.31am)**

* Petit bracket en Latin, pour les étudiants avancés.

Leçon Sixty-Eight

DANS L'EXAMEN

Invigilateur: Ecoutez, mes enfants! Aujourd-hui nous avons Histoire, A-Level. Vous avez trois heures pour finir le papier. Je désire la silence absolue. Et pas de cheating, pas de chatting, pas de consultation, pas de glue sniffing. OK? Bon. Allez-y.
Enfant: Monsieur?
Invigilateur: Oui?
Enfant: L'usage des typewriters est permis?
Invigilateur: Vous avez un typewriter?
Enfant: Non. Nous ne sommes pas dans les Dark Ages, monsieur.
Invigilateur: Alors, oui, c'est permis.
Enfant: Mais j'ai un laptop.
Invigilateur: Oh, pour l'amour de heaven, employez votre blasted laptop, mais taisez-vous.
Enfant: (*apres dix minutes*) Monsieur?
Invigilateur: *(sarcastique)* Vous avez fini?
Enfant: Mon laptop est sur le blink.
Invigilateur: C'est le luck du game, sonny. Continuez avec votre plume et paper.
Enfant: Non, mais, si le laptop ne marche pas, il appelle automatiquement un 24-heure méchanique.
Invigilateur: Ha ha, sacré ha. Maintenant, silence! (*Apres vingt minutes, il y a un toc à la porte. Toc toc.*) Entrez!
Méchanique: J'ai eu un report d'une machine qui a developpé des hiccups.
Enfant: C'est la mienne, monsieur.
Invigilateur: Vous ne pouvez pas entrer. C'est un examen en full flow!
Méchanique: Sorry, squire. Un emergency est un emergency et un job est un job. Où est le dodgy laptop?

Enfant: Ici, monsieur.
Méchanique: Ah, c'est vous encore? La même trouble avec la fonction *Save as ...* ?
Enfant: Non. C'est un problème avec la file location.
Invigilateur: Look, j'ai un classroom d'enfants qui essaient de faire leur A-Level Histoire. Je ne peux pas permettre une invasion de rudes méchaniques!
Méchanique: Rude? Qui est rude, vous ou moi? Perdez-vous, squire. Farewell, monsieur Chips.
Enfant: Vous voyez, je trouve impossible de déterminer la position de file No 3.
Méchanique: Hmmmm ... ah, voilà le défecte. Pressez ça ... et ça ... et voilà!
Invigilateur: Vous avez fini?
Méchanique: Oui.
Enfant: Oui.
Invigilateur: Comment, fini? Vous aussi?
Enfant: Oui. Tous mes essays d'histoire sont préservés dans la memoire de mon laptop. Donc, je regarde les questions, je retrouve les responses correctes, et boum! J'ai fini.
Invigilateur: C'est du cheating.
Enfant: Non, monsieur. C'est l'infotechnologie.

Leçon Sixty-Nine

À WIMBLEDON

Tout: Vous voulez des tickets?
Monsieur: Euh, well, oui, je ...
Tout: J'ai ici des tickets. Deux pour le Court de Centre. Final jour.
Monsieur: *Court de Centre*! Wow.
Tout: Oui, c'est votre lucky jour. OK, c'est £250 pour les deux.
Monsieur: *£250?* C'est un peu stiff.
Tout: Avec strawberries et cushion absolument gratuit.
Monsieur: Hmm, well, vous prenez un chèque?
Tout: *Un chèque*? ... Non, je ne peux pas. A ce moment dans le temps, mon account de banque est absolument choc-à-bloc. Mon bank manager m'a dit: 'Ne me donnez pas de chèques. Du cash ou rien.'
Monsieur: Well, OK ... Juste un moment – la date sur le ticket est le 2 juillet. Le jour final est le 3 juillet. C'est un fat lot de bon, un ticket pour le 2. Besides, je travaille, le 2 juillet.
Tout: Mais non, mais non! C'est le système nouveau. On arrive un jour en avance. Les queues sont si terribles à Wimbledon que les autorités vous demandent de prendre votre place 24 heures avant.
Monsieur: Hold on, hold on. Sur le ticket, il dit WYMBLEDON CHAMPIONSHIP. Wymbledon? Ce n'est pas génuine.
Tout: Mais oui! C'est le spelling traditional. Vous ne saviez pas? Sur toutes ces occasions, le ticket a le nom ancien.
Monsieur: Comme quoi?
Tout: Eh bien ... comme HENLIE REGATTA et YE LORD'S TESTE ...
Monsieur: Hmm ... C'est un peu dodgy, si vous me demandez. Aagh! Regardez! Sur le ticket. 'Mixed Singles'. Expliquez-moi ça!

Tout: Volontiers. Cette année, c'est un expériment. Hommes contre femmes. Honnête.
Monsieur: Vraiment? Oh. Right, £250.
Tout: Not yet. Attendez un moment. Il y a un policier qui s'approche.
Monsieur: *La Police?* Je suis off! (*Il est off.*)
Policier: Bonjour, Charlie. Vous floggez des tickets, je suppose. Que demandez-vous pour le Court de Centre?
Tout: Eeuh … £250.
Policier: £250? C'est criminel, ça.
Tout: Eh bien… £25 pour deux.
Policier: Tenez, je vais acheter deux. Ces deux que le monsieur à abandonnés.
Tout: Ah non! Pas ces deux! Ils ne sont pas dans le marché! Honnêtement, officier, les seats sont très mauvais. Derrière un pillar. Ils sont rubbish. Look, voilà deux pour le final. Très bonne value. Et à vous, ils sont …
Policier: Oui?
Tout: … libre et gratis.
Policier: C'est gentil. Merci, Charlie.

Leçon Seventy

LE BANK HOLIDAY DE JUIN

Femme: Darling, c'est un bank holiday au weekend.
Mari: Oh, God.
Femme: Pourquoi 'Oh God'?
Mari: Parce que, chaque fois que nous avons un bank holiday Lundi, nous faisons un outing dans le country, nous nous trouvons dans un jam de traffic, nous allons dans un pub qui n'aime pas les enfants, nous nous trouvons short du ready cash …
Femme: Mais non, mais non. Un bank holiday, c'est nice pour les enfants. Un outing dans le country, parmi les arbres et les vaches, ça leur donne une expérience de la countryside.
Mari: Les enfants! Venez ici! *(Entrent David, 12, et Sonia, 10.)* Dites donc, chers enfants, aimez-vous les arbres, les vaches, les jolies fleurs, etc?
Enfants: Yuk, horrible, pas très street cred, etc …
Mari: Merci. Class dismissed. (*Exeunt enfants.*) Voila, tu vois? Ils n'aiment pas la countryside.
Femme: Mais ils ne sont pas dans une position à arriver à un verdict! Ils ne connaissent même pas la countryside. Tiens, je vois dans le journal que Hapsley Hall est ouvert, Monday.
Mari: C'est quoi, Hapsley Hall?
Femme: C'est un stately home très historique, avec jardins par Capabilité Brun.
Mari: Oh, joli ça. (*Il appelle les enfants, et les enfants viennent.*) Mes chers enfants, aimez-vous le prospect d'un outing à Hapsley Hall?
Enfants: C'est quoi, Hapsley Hall?
Mari: C'est une grande maison et un grand jardin et un grand lac et un petit gift-shop et un petit tea-room.
Enfants: Blimey O'Riley, Gordon Bennett, yukorooney, etc …

Mari: Merci. No further questions. (*Exeunt enfants.*) Tu vois, ce n'est pas leur bag. Look, pourquoi pas rester chez nous? Pourquoi pas un tranquille bank holiday dans le bosom de la famille?
Femme: Parce que je suis ici each flaming jour du week, c'est pourquoi! Le home n'est pas seulement mon home, c'est aussi mon workplace! Eh bien, je suis sick de mon workplace! Come Monday, je veux aller sur un outing!
Mari: OK, d'accord. Enfants! (*Entrent les enfants.*) Votre maman veut sortir sur un outing pour bank holiday. Vous voulez l'accompagner?
Enfants: Ou va-t-elle?
Femme: Mmmmm … je vais à Londres pour aller au Kings Road, puis Happy Hour à un cocktail bar, puis je vais à un disco, puis je vais à un all-night horror bill à la Scala Cinema.
Enfants: Fantastique! Yeah! Allez oop! Va va voom! Mais est-ce que Papa vient aussi?
Femme: Non. Il reste ici. Dans le bosom de sa famille.
Mari: Now, juste un moment. Je crois qu'il y espace pour discussions et negotiations ici … (*La discussion continue …*)

Leçon Seventy-One

DANS LE SAFARI PARK

Papa: Une vulture dans deux heures. C'est tout. Ce n'est pas mon money's worth, pour un wildlife park.
Mama: C'était une lovely vulture.
Papa: Oui, mais ce n'est pas le point. Nous sommes deux heures dans notre Cortina et . . .
Mama: Ah, regarde! Un lion.
Papa: Où? Ah, oui. Mon Dieu, il est massif.
Mama: Il est cute.
Papa: Cute? Un lion? Un lion est une machine à manger! Tous les jours un lion mange les contents de notre deep freeze.
Mama: Il aime les fish-fingers?
Papa: Non. Il préfère les gigots d'agneau de New Zealand.
Mama: C'est une shame, really.
Papa: Quoi?
Mama: Ce bel animal, le roi d'Afrique, kidnappé de son heath natif et transféré à ce petit coin de Wiltshire. Ce n'est pas la même chose, really.

Papa: Le lion ne donne pas un toss. Afrique, Wiltshire, c'est la même chose pour lui. Donnez-lui un peu d'espace et un peu de charcuterie, et il est content.
Mama: Hmm. Mais le froid, en hiver, et la pluie et le damp. Ce n'est pas fun pour lui.
Papa: Tu veux qu'on téléphone le RSPCA? Ecoute, le lion a un coat magnifique. Il a un manteau comme chez Austin Reed – opulent, dur et très snug. Le weather forecast ne lui intéresse pas.
Mama: Que mange-t-il ici en Angleterre?
Papa: On lui donne un marquis ou un earl chaque jour.
Mama: C'est vrai?
Papa: Non, ce n'est pas vrai.
Mama: Ah, regarde, il nous approche.
Papa: Ferme les fenêtres, vite!
Mama: Il a froid. Il veut entrer dans la voiture avec nous.
Papa: Ha sacré ha.
Mama: Et il a un petit monkey avec lui.
Papa: Où? Ah, oui. Je suis surpris que le lion ne l'a pas mangé. C'est quelle sorte de monkey?
Mama: Je vais regarder dans la brochure … Voici. 'Winkleman's Monkey. Très intelligent, très adaptive. Il apprend les nouvelles techniques très vite.'
Papa: Mon Dieu, il essaie d'ouvrir les portes de la Cortina Classique! Vite, les locks! Ah, le salaud! Il a appris la technique d'ouvrir les voitures pour donner un snack à son ami, le lion!
Mama: C'est clever, ça.
Papa: La nature est trop clever par half. Je blâme David Attenborough, personellement. Maintenant, regarde dans la brochure pour l'exit.

Leçon Seventy-Two

DANS LE LOCAL MUSEUM

Elle: Ce n'est pas mon idée d'un treat.
Lui: C'est tres intéressant, les museums.
Elle: Un lovely jour dans le country, il dit. Le Devon cream five o'clock, il dit. Les country pubs, la glorieuse landscape, il dit. Et here we are, dans le petit museum du petit village de Rodney Slatford, avec la drizzle qui pisse outside, et les fossils inside. Merci pour rien.
Lui: Regarde sur la bright côté. Il est dry ici, et nous avons le museum à nous-mêmes.
Elle: Big deal. Vous voulez dire, nous sommes les seuls lunatiques préparés à visiter cette repositoire de bric-à-brac historique.
Lui: Oh, look! Les Saxons ont fait un petit settlement ici à Rodney Slatford. Mais ils l'ont abandonné.
Elle: Je ne suis pas surprisée. Ils ont trouvé le museum un no-no suprême. Fancy, si vous êtes un Saxon, et vous cherchez un bon day out, et la seule chose entre ici et Heligoland est le museum de Rodney Slatford. Moi, si j'étais un Saxon, je dirais: 'Abandonnons le settlement! Allons à Chester, vandaliser les murs Romains.'
Lui: Les Normands ont construit un chateau ici.
Elle: Où?
Lui: Il a disparu.
Elle: Typique rubbish français.
Lui: Et dans les ages medievals Rodney Slatford était fameux pour ses moutons, son sel, et sa granite locale.
Elle: Tous combinés dans le fameux Rodney Slatford Meat Pie, comme dans le pub just now.
Lui: Ah, tu es impossible. Anyway, en 1703 Sir Henry Livings a

construit Rodney Slatford Hall … Tiens! Regarde! Ce painting, ce vieux canvas – c'est l'image spittant du painting dans notre lounge.
Elle: Mon dieu. Tu as raison. Alors, nous avons la copie de cet original?
Lui: Non, non. Regarde – il dit: 'Ce painting est une copie de l'original – whereabouts unknown.'
Elle: Et nous avons l'original! Mon dieu, nous sommes riches! Quel turn-up pour les livres. Ce vieux daub que Maman nous a laissé dans son will. Une fortune!
Curator: Hélas, madame, je n'aime pas à vous désillusioner, mais les copies de ce painting sont tres communs.
Elle: *Quoi!?*
Curator: Oui. Chaque Sunday il y a un visiteur qui dit: 'Ah, regarde! Nous avons une fortune.' Mais il y a peut-être 300 copies en existence. Average valeur, £14.60.
Elle: Oh, drat. Allons, chéri. J'ai eu ma ration de réliques et offal historique. Allons chercher un spot plus salubrieux.
Curator: C'est la même chose que disent tous les autres. Au revoir, m'sieu, m'dame.

Leçon Seventy-Three

DANS LA PASSPORT OFFICE

Official: Et le next!
Monsieur: Monsieur, je veux changer mon passeport. Le voilà.
Official: Let me see ... Mais il est en ordre. C'est bang up to date, etc.
Monsieur: A être strictement honnête, c'est la photo que je veux changer.
Official: La photo de vous?
Monsieur: Oui. Vous voyez, j'ai une moustache dans la photo.
Official: Ah, oui. Sorte de obsolescent hippy moustache.
Monsieur: Exactement la description que ma femme a donnée. Anyway, la moustache est gone. Vanished. Tombée comme les feuilles mortes. *Mais la moustache existe toujours dans le snapshot.*
Official: Eh bien? Ce n'est pas un crime.
Monsieur: Non, mais il n'est plus un likeness. C'est une photo déceptive.
Official: Oh, là là! Des scrupules morales! C'est un peu over-le-sommet.
Monsieur: Non, mais on me donne beaucoup d'aggro à Heathrow, etc. Le passeport bloke dit: 'Ce n'est pas vous dans la photo. C'est une espèce de hippy, même de terroriste.'
Official: J'ai la solution. Achetez une fausse moustache! Portez-la à Heathrow!
Monsieur: Non.
Official: Eh bien, oui, nous pouvons changer la photo. Mais c'est un drag pour nous.
Monsieur: Il y a une autre chose. Mon nom.
Official: Votre nom? Herbert Salop?
Monsieur: Oui. Je veux le changer.

Official: Changer votre nom? Mais bon Dieu …
Monsieur: Je fais beaucoup de business en France.
Official: Congrats. Vous voulez que je vous nomine pour un Award de Reine?
Monsieur: Non, mais en français Salop est un peu … rude.
Official: Really? Meaning quoi?
Monsieur: Il est irrélévant. Mais pour moi, une change de nom est très important. Ça sera un boost pour le business.
Official: Hmm. Alors, une nouvelle photo, un nouveau nom. Quoi d'else?
Monsieur: Eh bien … ne riez pas … mais La Couleur des Yeux. Je trouve que 'mushroom' est un peu down-market.
Official: Vous préférez 'truffle'?
Monsieur: 'Oyster', peut-être. Et une autre chose. Distinguishing marks. L'autre jour, j'étais dans un car crash et maintenant j'ai un scar sur mon forehead.
Official: Blimey, vous voulez tout changer. Et votre Date de Birth, je suppose, aussi?
Monsieur: Oui, actually. Mon birthday, le 22 décembre, est très inconvénient. Juste avant Christmas, vous comprenez. Un birthday au mois de septembre, peut-être …
Official: En effet, vous désirez un brand-new passeport?
Monsieur: En effet, oui.
Official: Les brand-new passeports sont dans Room No. 112, up the escalier. Et le next, please!

Leçon Seventy-Four

UNE VISITE OBLIGATOIRE AU DUTY FREE

Lui: Nous avons 10 minutes avant le last call.
Elle: C'est plenty de temps. Que voulez-vous acheter?
Lui: Hmm. Je ne sais pas. Du vodka?
Elle: Voilà le vodka. Mon Dieu – £15 per bouteille. Ce n'est pas exactement dirt cheap.
Lui: Oui, mais c'est une bouteille énorme. Elle est comme un jerrycan.
Elle: Porter un jerrycan comme hand luggage, ce n'est pas mon idée de fun.
Lui: Et vous vous souvenez – nos vacances dernières nous avons acheté une bouteille de vodka comme un gift pour cousin John en Espagne?
Elle: Et cousin John a dit: 'Le vodka est dirt cheap ici en Espagne. Vous avez été diddlés.'
Lui: OK. Du cognac?
Elle: Vous aimez le cognac?
Lui: Non.
Elle: Moi non plus. Du gin?
Lui: Look – nous allons passer un fortnight à Mykonos. Que ferons nous avec un jerrycan de gin? Nous ne pouvons pas le porter dans chaque bar … 'Bonjour, M. le barman. Deux toniques, svp. Nous avons le gin dans notre handbag.'
Elle: On peut avoir un petit supply de gin dans le bedroom?
Lui: Et devenir des alcoholics? Chez nous, on a du gin dans le bedroom?
Elle: Non, je suppose que non. Eh bien, une toute petite bouteille de whisky, pour les night-caps?

Lui: Oh, là là là – aller dans un duty-free pour acheter une miniature? C'est bête.
Elle: Une bouteille d'ouzo peut-être? À Mykonos, l'ouzo est très ethnique, très authentique.
Lui: À Mykonos, l'ouzo est pratiquement libre.
Elle: C'est vrai. Une bouteille de port, comme un gift pour granny?
Lui: Vous proposez que nous achetons un jerry can de port ici, le transporter à Mykonos, le mettre dans la wardrobe pour un fortnight, le transporter à Heathrow, le transporter à Croydon.
Elle: C'est vrai. Oh dear. Un pocket calculateur, pêut-etre?
Lui: J'ai une collection de 5 pocket calculateurs, tous en non-working order. Du parfum?
Elle: J'ai un 18-month stock de parfum.
Lui: Oui, mais après tout, nous sommes dans un grotto de goodies, un vrai caveau d'Aladdin. Sortir sans une purchase, c'est imbécile.
Elle: Il y a everything ici, et nous ne désirons rien … Un caméra, peut-être?
Lui: J'ai un caméra. Mais je suis un peu short de film.
Elle: Voilà! Achetons un roll de film!
Lui: OK, mais vous savez something? Chaque fois dans le duty-free, c'est la même chose. Nous entrons pour acheter le bargain d'une lifetime. Nous sortons avec un roll de film. Le duty free, c'est la face inacceptable du capitalisme.
PA: 'POSITIVEMENT LE LAST CALL POUR LE FLIGHT À MYKONOS…'
(Exeunt, dans une panique …)

Leçon Seventy-Five

LE POSTCARD-SENDING

Lui: Eh bien! Nous voici! Sur holiday! Le 1er jour de notre fortnight dans glorieux Capistrano. Que proposes-tu? Un swim? Une ramble par les vieux alley-ways? Un shufti dans le quaint market?
Elle: Non. Il faut envoyer les postcards.
Lui: Mais tu es folle, toi. Les postcards, c'est hard work. Je suis ici pour relaxer.
Elle: J'insiste. Tu sais bien que normalement nous laissons les postcards au last moment. Cette fois, ça va être différent. Regarde – j'ai acheté un packet de 12 postcards.
Lui: Mon Dieu, ils sont naffs. Un view du cathedral, yuk. Notre out-of-focus hotel, yuk. Le town cemetery, double-yuk. Sunset over la bus-station, super-yuk.
Elle: Les naff postcards sont normals. Si tu achètes les postcards artistiques et NormanParkinsonesques, tu les préserves toujours dans ta collection. Tu dis: 'Ah non, ils sont trop bons pour sending à Granny!'
Lui: C'est vrai. OK, allons dans un café dans le sunshine pour

faire les postcards avec une bouteille de plonk.

Elle: Avec un café noir, C'est 10.15am, pour heaven's sake!

Lui: OK, OK. Ne sois pas heavy.

Elle: J'ai une liste ici. Tu prends Granny, Aunty Joyce, Jeff, cousin Jenny, Dotti, et ton boss.

Lui: Mon boss? Jamais! Je déteste mon boss. Je ne vais pas lui donner la satisfaction …

Elle: … et ton boss.

Lui: OK, OK. (*15 minutes de heavy writing, sighing, head-scratching, groaning, etc.*)

Elle: Eh bien, donne-moi un progress report.

Lui: J'ai écrit un postcard à Granny.

Elle: Donne-moi un live reading.

Lui: OK. Here goes. Ummm … 'Chère Granny. Liz et moi sont arrivés saufs et sound. Maintenant nous sommes dans un petit café, écrivant les postcards. This one est pour vous. Lots of love, me et Liz.'

Elle: C'est absolument pathétique. Full of news et descriptions poétiques, I don't think.

Lui: News? C'est notre 1er jour! Où est le news?

Elle: Écoute – j'ai ecrit un postcard à Uncle Michael. 'Arrivés enfin à Capristrano, qui n'a pas changé, except que le casino est maintenant un disco. Ce matin Jack a mis ses shorts et sandals – un peu wallyish pour les Italiens, je crois. Next week nous allons à Pompeii, Jack pour les relics historiques, moi pour les shocking pictures! Dans un moment, lunch – authentic spag bol at last! Love Liz.'

Lui: C'est du news?

Elle: Non. Mais il a l'appearance de news, c'est le main thing. *(15 minutes later.)* Well?

Lui: Ecoute. 'Chère Granny, Liz et moi sont safe et sound à Capristrano, qui n'a pas changé, hardly. Liz est dans un summer frock et knobbly knees, un peu wallyish, je crois. Next week … '

Elle: C'est pathetic. Oh, well. Laisse tous les postcards à moi, comme usual.

Leçon Seventy-Six

DANS LE BEACH HUT

Papa: Où sont mes trunks?
Maman: Quels trunks?
Papa: Mes swimming trunks. Les rouges, avec la stripe.
Maman: Je ne sais pas.
Papa: Ah – les voilà! Sur la ligne. Yuk!
Maman: Quoi?
Papa: Ils sont damp.
Maman: Well, vous avez pris un dip ce matin.
Papa: Et ils sont pleins de sable.
Maman: Well, le sand est everywhere.
Papa: Non! Ce n'est pas vrai. Sur le beach il y a seulement de la shingle. Mais dans mes trunks il y a beaucoup de particles de sable. C'est uncanny.
Johnny: Maman! Je peux avoir 40p pour un choc-stik?
Maman: Oui, voilà.
Daisy: Maman! Ou est mon comic?
Maman: *Photo Confessions* ou *True Pop Star Drug Stories?*
Daisy: La magazine avec 'J'étais amoureuse d'un Prince William Look-alike'.
Maman: Là-bas.
Papa: Mais je ne veux pas aller dans l'océan dans un paire de trunks damp, avec sable.
Maman: Ce n'est pas mon problème, baby.
Papa: Pardon?
Maman: Tu penses que je suis quelque sorte de problem-solver universel, mais je ne le suis pas. Si vous avez des trunks incomfortables, allez acheter une nouvelle paire.
Papa: Pardon?

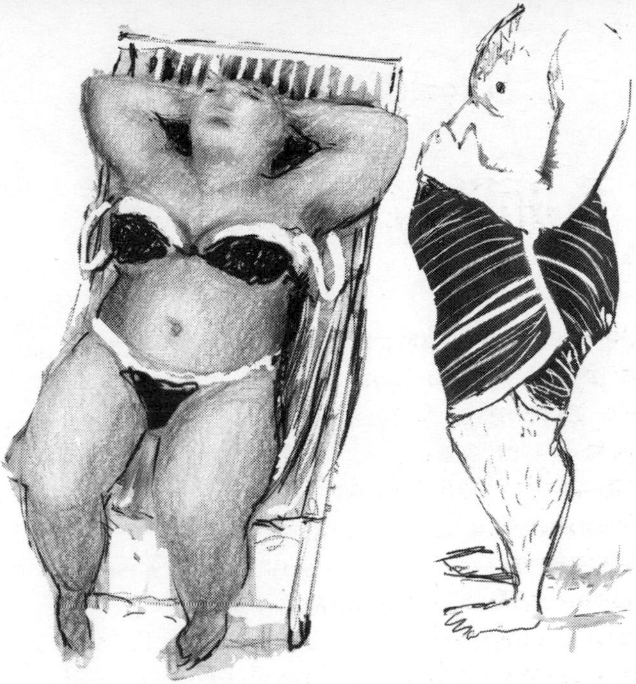

Maman: Et ne dis pas pardon. Tu me dégoûtes comme ça.
Papa: Pardon?
Maman: Le next thing, tu vas demander: 'Que mangeons-nous pour le supper?' Va – demande!
Papa: Que mangeons-nous pour le supper?
Maman: Rien. Je ne fais pas le cooking ce soir. Je vais être absente ce soir. Je disparais dans le back de beyond. C'est la fin de notre marriage. Tu me traites comme le NHS – je donne tout et je ne reçois rien. Alors, c'est fini maintenant. Je vais chercher la liberté!
Papa: Pardon?
Maman: Je vais avoir une good time! Et about time!
Johnny: Maman, regarde, j'achète un chok-stik pour toi.
Maman: C'est gentil.
Papa: Que mangeons-nous pour le supper?
Maman: Plaice, pois et chips.
Papa: Bon, j'aime ça. Eh bien, je vais pour un dip. Tu viens?
(*Etc, comme normal …*)

Leçon Seventy-Seven

A UN WINE-TASTING

1er Expert: Bonjour, Jimmy. Longtemps pas voir.
2ème Expert: J'ai été sur un jaunt. Un peu de fact-finding à Bordeaux. Et vous?
1er Expert: Oh, un peu de ceci, un peu de cela. A Champagne, chez … chez …
2ème: Bollinger?
1er: Ou Tattinger. J'oublie maintenant. Anyway, nous sommes ici sur business. Vous avez commencé?
2ème: Non. Eh bien, j'ai mangé un morceau de fromage. Il était totalement sans prétension, mais il avait eatability.
1er: Right, well, commençons ici avec le Château Palmer 1983.
2ème: Ah, un classic! Quel vintage!
1er: Absolument. Voilà un verre pour vous, et un pour moi.
(Le ritual commence. Le sniffing. Le grunting. Le sipping. Le 'roulement du vin' à la bouche. Le roulement des yeux. Le spitting. Le smacking des lèvres. Total minimum temps: 3hrs 50mins.)
2ème: C'est glorieux, n'est-ce pas? Le body est formidable.
1er: Oui, le body. Le torso est beau. Et les jambes sont belles.
2ème: Oui, c'est un vin avec lovely legs. Et une belle paire d'ankles.
1er: Absolument. C'est une reine entre vins. Quelle majesté.
2ème: Avec decorum.
1er: Majesté avec decorum, oui, c'est ça … mais il commence à montrer ses années.
2ème: Meaning?
1er: Eh bien … sans vouloir être critical, je trouve un peu de … non-élasticité.

2ème: C'est vrai. Il n'est pas exactement versatile. Il est un peu … faint-hearted.
1er: Meaning?
2ème: Je ne sais pas. J'aime le mot, voilà tout.
1er: Mais vous avez raison! Entre vous et moi, ce Château Palmer '83 est un let-down. Il n'a pas le lastability.
2ème: Son staying-power est très short. Je trouve aussi que le bouquet laisse quelque chose à désirer.
1er: Meaning, il est comme une paire de vieux socks?
2ème: Oui, oui, il a vieux-sockability. Franchement, il mérite d'avoir un smacking sur la derrière.
1er: Ou déportation à l'Outer Mongolia.
2ème: Pour la reste de son naturel.
Garçon: Excusez-moi, messieurs. Ce decanter de Palmer, il n'est pas du Palmer. On a fait un mix-up. Il contient du plonk de maison. Voilà le vrai Palmer!
Les Experts: Ah! *(Le ritual recommence. Après 4hrs 20mins …)*
1er: C'est glorieux, n'est-ce pas? Le body est formidable ... *(Etc, etc, etc …)*

Leçon Seventy-Eight

DANS LE BOOKSHOP

Shopman: Monsieur?
Monsieur: Oui. J'ai un complaint.
Shopman: Un complaint? Il faut voir un docteur, pas un bookseller.
Monsieur: Non, c'est un complaint littéraire. J'ai acheté ce livre ici.
Shopman: *Stormy Profits*, par Maud F. M. Thomas? Oh, oui! C'est sur le Booker shortlist.
Monsieur: C'est à cause de ça que je l'achète. Dans le *Sunday Times* pull-out Snob Section, j'ai vu le shortlist pour le Booker, et je me suis dit: 'Go on, old boy, avez un good read! Achetez un modern novel! Entrez dans le swim contemporain!'
Shopman: Get on with it.
Monsieur: Je suis entré dans votre bookshop et j'ai acheté *Stormy Profits* par Maud F. M. Thomas. Alors, deux grands shocks m'attendaient – un double shock. First off, le livre était terriblement expensive, I mean, bloody hell, £17.99! La dernier fois que j'ai achete un novel je crois, c'était 3 ou 4 quid, well, I mean, £17.99!
Shopman: Et le second shock?
Monsieur: Le second shock fut le livre lui-même. J'ai lu *Stormy Profits* de cover à cover, et je peux honnêtement dire que c'est rubbish. C'est prétentieux, overblown, incohérent, self-important twaddle. C'est £17.99 worth de well-rotted manure. C'est un farrago de caractères sans interest, et des incidents sans signficance. C'est, en un mot, a bit of a let-down.
Shopman: Si j'attrape votre drift, vous n'aimez pas Maud F. M. Thomas?
Monsieur: Vous êtes tres vite sur l'uptake.

Shopman: En bien, moi non plus. Je trouve Maud F. M. Thomas un load de rubbish.
Monsieur: Donc, je demande mon money back.
Shopman: *Votre money back*? Impossible.
Monsieur: Pourquoi pas? Si j'achète un faulty instrument, ou du foodstuff inférieur, ou un wrong-size shirt, je reçois mon money back. Eh bien, ce livre est shoddy, badly written et faulty. Donc, mon money back.
Shopman: Dans un bookshop, une money-back situation est out of the question. Vous payez votre argent, vous prenez les risques. Votre opinion de Maud F. M. Thomas, c'est seulement votre opinion.
Monsieur: Mais non! C'est la votre aussi! Vous avez dit: 'Maud Thomas est un lorry-load de cobblers!' Quand j'ai acheté le livre, tu aurais du dire: 'Non, monsieur, ne touchez pas Maud F. M. Thomas! Elle est un stinker!' Mais vous ne m'avez pas donné un warning.
Shopman: OK. Cette fois seulement, je vais vous donner votre money back. Mais c'est la first et last fois. Autrement, ça pourrait ruiner le book trade. Ne dites *rien à personne*, OK?
Monsieur: Have no worry. C'est la dernière fois que j'achète un Booker hopeful.
Shopman: Good thinking, monsieur.

Leçon Seventy-Nine

CHEZ LE PICK-YOUR-OWN FRUITS-DE MER

Client: Excusez-moi, vous êtes ouvert?
Farmer: Oui.
Client: Bon. Je cherche les raspberries.
Farmer: Ah, non. Les raspberries sont finis.
Client: Les strawberries?
Farmer: Likewise.
Client: Les loganberries?
Farmer: Pas un loganberry, pour amour ni argent. La saison de soft-fruit est terminée.
Client: Ah. Et la saison de hard-fruit?
Farmer: Pas encore commencé.
Client: Merde. Je fais un 30-minute drive, pour rien!
Farmer: Ah, mais non, mais non. Nous sommes maintenant un Pick-Your-Own-Round-The-Year-Farm!
Client: Vraiment? Un P-Y-O-R-T-Y farm?
Farmer: Oui. Ou, non. En July et August nous sommes un Catch-Your-Own Fish Farm. C-Y-O-F-F,
Client: Le self-catch poisson? C'est un joke, ou quoi?
Farmer: Absolument pas. Vous voyez le grand shed là-bas? Eh bien, dans le grand shed il y a beaucoup de tanks, et dans les tanks il y a beaucoup de sea-food. Vous faites votre sélection, vous payez, vous allez en hot pursuit de votre sea-prey.
Client: Blimey. Well, OK. Qu'avez-vous?

Farmer: Nous avons un grand tank de oysters. Pour ça, vous payez £10 et vous prenez un wet-suit, un cylindre d'oxygène et un petit rowing boat.
Client: Un *rowing-boat*?
Farmer: C'est un grand tank. Ou bien, vous aimez les trouts?
Client: Oui, bien sûr.
Farmer: Eh bien, pour £20 vous avez un fishing-rod, un paire de gum-boots et un ghillie nommé Angus, qui ne parle pas anglais.
Client: Hmm. Avez vous quelque chose de plus tranquille?
Farmer: Les limpets. Vous prenez les gum-boots et un paquet de hand-grenades.
Client: Hand-grenades? Ils sont tranquilles, les hand-grenades?
Farmer: Non, mais les limpets sont tranquilles, après. Et nous avons un peu de squid.
Client: Squid, eh?
Farmer: Oui. Nous vous donnons un fighting-knife. Et puis c'est mortal combat entre vous et le giant squid.
Client: Blimey. N'avez-vous pas quelque chose de simple, comme un kipper?
Farmer: Un kipper? Oui, si vous attrapez le herring – puis on vous donne un smoking kit.
Client: Non, merci. Je vais revenir pour la saison de hard-fruit.
Farmer: Up to vous, squire. See you en Septembre.

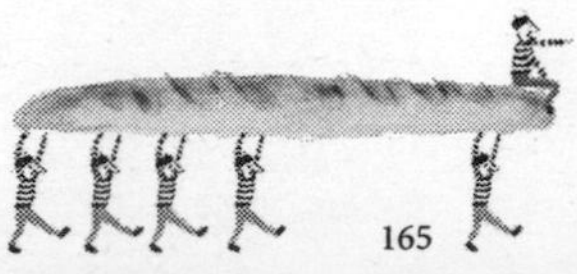

Leçon Eighty

LE GROUSE-SHOOTING

Visiteur: Angus?
Ghillie: Aye, monsieur?
Visiteur: C'est une grouse là-bas?
Ghillie: Non, monsieur. C'est un starling.
Visiteur: Look, Angus, nous sommes ici sur les grouse-moors depuis August 14, et nous n'avons pas vu une seule grouse!
Ghillie: Pas vrai, monsieur. August 21, nous avons vu une grouse.
Visiteur: Mais je ne l'ai pas tué!
Ghillie: Ach, monsieur, c'était une wee baby grouse. Vous ne voulez pas tuer un bairn comme ça?
Visiteur: Après trois semaines, je veux tuer *anything*!
Ghillie: Les grouses sont très rares cette année, monsieur. La scarcité de grouses est une scourge, un calamity, le deuxième calamity de cette année.

Visiteur: Et l'autre?

Ghillie: L'England-Scotland match à Murrayfield.

Visiteur: Ah, oui ... Puis-je tuer le starling?

Ghillie: Ah, non, monsieur! Tuer un starling, ce n'est pas du sport!

Visiteur: Pourquoi pas? C'est un oiseau, comme une grouse. C'est un fair fight entre le sportsman, avec son high-power sporting rifle, et le starling, avec ... avec ...

Ghillie: Avec rien! Le starling est defenceless!

Visiteur: La grouse aussi.

Ghillie: Peut-être, mais je suis totalement contre le shooting des starlings!

Visiteur: OK, OK ... vous n'avez jamais mangé un starling?

Ghillie: NON!

Visiteur: OK! ... Angus, regardez. Là-bas. Qu'est-ce que c'est? C'est un bloke!

Ghillie: Vous avez raison, il y a un fellow qui s'approche à travers les grouse-moors dans l'uniforme d'un Animal Rights Protesteur. C'est un loony. Hey! Que voulez-vous?

Bloke: Je suis un représentatif du Front des Droits des Animaux. Je fais le checking pour voir que le grouse-shooting est limité. Vous commettez une monstrueuse massacre ici!

Visiteur: Massacre? En trois semaines, je n'ai rien tué! Pas même un starling!

Bloke: Je vous donne un warning. Si vous tirez sur une grouse, je vais monter une prosécution.

Ghillie: Vous êtes un blasted nuisance ... Monsieur, voulez-vous essayer un petit pot-shot?

Visiteur: Sur ce bloke?

Ghillie: Pourquoi pas? Quelques pellets ... Un peu de shot ... C'est presque harmless. Allez-y.

Visiteur: OK! (*Il donne un whiff de shot à l'Animal Rights bloke, qui commence à courir*)

Ghillie: Bon shot, monsieur. Un bon petit peppering.

Leçon Eighty-One

DANS LA RUE PORTOBELLO

Tourist: Excusez-moi … c'est ici le Portobello Road?
Stallman: Bang on.
Tourist: Mais … où sont les antiques? Le bric-a-brac, etc?
Stallman: Blimey, monsieur, pas aujourd'hui. Les antiques, c'est le weekend. C'est maintenant Wednesday – vous avez trois jours à attendre.
Tourist: Le weekend?
Stallman: Well, Friday, les grands juggernauts arrivent, de France, d'Italie etc. Ils snafflent tout le bon stuff, notre héritage national et tout ça, et laissent le rubbish. Saturday, les touristes arrivent pour acheter le rubbish. Rubbish expensif.
Tourist: Mais je vois un grand market aujourd'hui, entre ici et le fly-over.
Stallman: Ça, c'est le fruit 'n' légume market, le *vrai* Portobello Road. Vous avez aussi les Asiatiques qui vendent les saris, les freaks de health qui vendent le soya organique, les blokes en sheepskin qui vendent le dodgy stuff qui est tombé d'un lorry. Blimey, vous avez ici un microcosme de la globe, une kaleidoscope de commerce, un melting-pot de …
Tourist: Vous avez le Cockney gift du gab.
Stallman: Non, pas spécialement. Mais les caméras de TV sont toujours ici, et j'ai beaucoup pratiqué. Vous êtes Yankee?
Tourist: Oui.
Stallman: Eh bien, oubliez les antiques. N'ayez pas de truck avez les tea services de Sheffield, et les T-chemises avec le Union Jack. Achetez mon fruit et veg!
Tourist: Achetez un sac de pommes de terre?
Stallman: C'est une slice d'histoire, mate! C'est un morceau

de vieille Angleterre! Tenez, ces spuds sont des King Edwards. Savez pourquoi? Ce sont les very spuds que Edouard VIII a mangés le jour de son Abdication.
Tourist: Wow.
Stallman: Et ces poires sont des Conférence poires. Savez pourquoi? Parce que Winnie Churchill, Dieu préserve son cigare, a mangé ces poires à la Conférence de Yalta. Et ces Jerusalem artichauts, inventés par Menachem Begin. Et ces pommes sont des Granny Smith. Savez pourquoi?
Tourist: Non.
Stallman: Moi non plus. Mais c'est historique. Tell you quoi, je vais vous vendre un medley historique de traditional fruit et veg de Blighty. £15 et c'est yours.
Tourist: C'est great! Merci un million. (*Il part. Un seconde touriste s'approche.*)
2éme tourist: Excusez-moi, mais où sont les antiques?
(*Etc, etc …)*

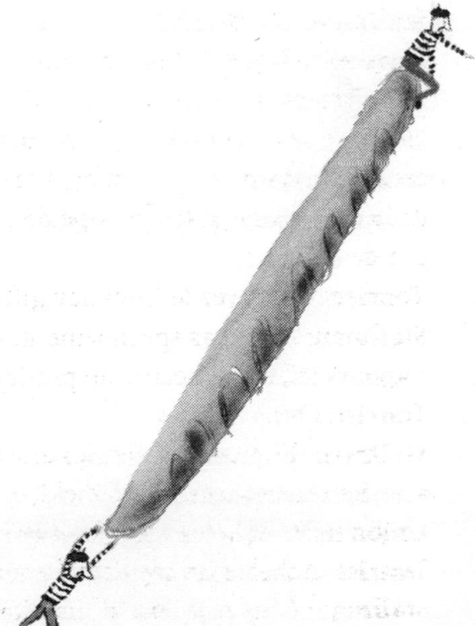

Leçon Eighty-Two

CHEZ LE PARTY POLITICAL CONGRÈS

Orateur: … Et je dis, therefore, que nous devons être *plus* caring et *plus* concernés, et *plus* généreux! Nous devons être le parti de supportiveness!

Congrès: Right on! (*Ovation énorme.*)

Orateur: En même temps, il ne faut pas être spendthrift. Le public n'est pas idiots. Quand nous faisons des promesses, le public dit: 'Ah ha, nous avons écouté ces promesses la dernière fois. Vous nous prenez pour les simpletons? Non, monsieur, nous n'allons pas être les dupes de votre smooth talk!' So, nous devons être le parti de common sense et de straight talking! Notre policy doit être careful et généreux!

Congrès: Fantastique! (*Encore une ovation.*)

Orateur: C'est une compromise difficile. Je ne veux pas promettre que le path va être facile. Mais les choses qui sont worthwhile – sont-ils toujours faciles?

Congrès: Non!

Orateur: Le way forward, c'est un doddle?

Congrès: Non!

Orateur: Vous voulez être le parti de namby-pambyism et de mollycoddling?

Congrès: Non, non!

Orateur: Vous voulez être … vous voulez être … vous voulez être …

Congrès: Nous voulons être quoi?

Orateur: Un moment. L'autocue est sur le blink.

Congrès: Quel autocue?

Orateur: Well, ici sur mon lectern il y a un magic screen. Vous ne pouvez pas le voir, mais moi, je vois le screen avec mon speech. However, malheureusement, il est sur le blink. Dans un moment je vais continuer.

Congrès: Mais continuez maintenant, bon Dieu!

Orateur: C'est n'est pas facile. Quand vous êtes en mid-flow, les interruptions sont difficile.

Heckleur: Il a un mid-flow crisis! (*Laughter.*)

Orateur: Oh, très drôle, mais je ne peux pas continuer sans l'autocue.

Heckleur: Pourquoi pas? Vous êtes un politicien, n'est ce pas? Vous pouvez continuer non-stop.

Orateur: Well, je ne sais pas ou j'étais.

Congrès: Vous disiez ' … namby-pambyism et molly-coddling! Vous voulez être… '

Orateur: … Ah, oui … 'Vous voulez être le naturel ruling party!'

Congrès: Oui.

Orateur: Vous voulez être le parti de dogma et d'opportunism?

Congrès: Oui!

Orateur: Oui? Un moment. Quand je dis, 'Voulez-vous être parti de dogma, etc?', vous dites, 'Non.' Comprenez?

Congrès: Mais non. Nous aussi, nous avons un autocue. Maintenant, nous allons vous donner un hard time. *(Etc, etc …)*

Leçon Eighty-Three

LES FEUILLES D'AUTOMNE, ETC

Femme: L'automne est ici, then.
Mari: Oui, sûre chose.
Femme: Saison de mists et mellow fécondité!
Mari: Quoi?
Femme: Saison de mists et mellow fécondité. C'est John Keats qui a dit ça.
Mari: Alors, John Keats est un berk. Mellow fécondité, mon pied. C'est la saison de mud et smelly wellies, de la pollution causée par la conflagration de tout le straw.
Femme: Keats était un poète.
Mari: Il n'était pas un farmer comme moi, c'est pour sûr. Quand tu travailles dans les champs, et le tracteur est sur le blink, et les vaches ont contracté pied-et-bouche, et chaque petite brise semble murmurer 'disease', c'est seulement un poète qui va dire saison de mellow whatsit.
Femme: Tu connais ta trouble? Tu penses que la manure = la vie. Pour toi, le fertilisateur est tout.
Mari: Mais non! J'aime les livres.
Femme: Comme quoi?

Mari: Eeuh … *Toutes Choses Belles et Braves*, par Jacques Herriot.
Femme: Ce n'est pas de la littérature.
Mari: J'ai essayé ce livre que tu m'as donné. *Ferme d'Animaux*.
Femme: Eh bien?
Mari: Il ne passerait pas l'O-level en Agriculture, ton Georges Orwell. Quel berk. Et quel nom de berk, Georges Oubien.
Femme: Oh, tu es un philistin!
Mari: OK, OK. Donne-moi une autre quote sur l'automne. Essaie-moi.
Femme: Right. 'Thick comme les feuilles d'automne qui tombent dans les ruisseaux en Vallombrosa.'
Mari: Qui a dit ça?
Femme: John Milton.
Mari: John Milton est OK. Il sait, tu sais. Les feuilles qui tombent, qui bloquent les drains, qui font un rotten mess sur l'herbe, qui empoisonnent les vaches – ah, il a raison, vieux Milton … ! Où est Vallombrosa?
Femme: Italie, je suppose.
Mari: Le Marché Commun, eh? Eh bien, il savait utiliser les yeux, ton ami Milton, même s'il était un dago.
Femme: Il était anglais. Et blind.
Mari: C'est vrai? Still et tout, j'aimerais acheter un round pour M. Milton. Tu as des livres de lui?
Femme: Oui. *Paradis Perdu*.
Mari: Quel bon titre pour un livre agriculturel! Je connais le feeling. Bon, ce soir je vais lire Mucky Boots Milton. Meanwhile, il me faut faire cuire les livres pour le VAT-man. Voilà de la vraie littérature!
Femme: Oui, chéri.
Mari: Saison de mellow fécondité, mon chapeau.

Leçon Eighty-Four

LA NUIT DE BONFIRE

Maman: Vous avez les fireworks?
Papa: Quels fireworks?
Maman: Pour ce soir. C'est la nuit de Guy Fawkes.
Papa: Oh, lummy. J'avais oublié.
Maman: Vous êtes hopeless. J'ai promis aux enfants un bonfire, les Chandelles Romaines, le tout bang shoot. Maintenant les shops sont fermés.
Papa: Juste un moment. Je crois que nous avons des left-overs de l'année denière, dans la cubby-hole sous les stairs. (*Exit.*)
Enfants: Où sont les fireworks?
Maman: Sshh, mes darlings. Papa est allé chercher … (*Il rentre.*)
Papa: Voilà! Un paquet de sparklers! Et une bôite de yacht flares, un peu obsolètes j'admit. Allons, qui va allumer le premier sparkler? Personne? Moi? OK, here goes. (*Il allume. Un knock à la porte.*)
Busybody: Excusez-moi, mais je suis votre friendly

neighbourhood busybody. Vous savez que c'est dangereux, les sparkleurs indoors?
Papa: Vous avez une meilleure idée? *(Un autre knock a la porte.)*
Witness de Jéhovah: Bonsoir, je suis votre local friendly Witness de … Ah! Les sparklers! J'aime ça! Vous avez un spare sparkle? *(Un troisième knock à la porte.)*
Catholique: Bonsoir, tout le monde. Je suis un représentant de 'Catholics for Guy Fawkes', un minority groupe qui demande fair play pour Guy Fawkes. Bon fun oui, bonfire non!
Papa: Eh bien, nous avons quite un party ici, mais pas de fireworks.
Maman: Essayez les yacht flares obsoletes.
Papa: Oui, j'avais oublié. Dans le jardin, tout le monde! *(Dans le jardin, il allume le yacht flare. Il monte dans le ciel.)*
Tout le monde: Wow!
Coastguard: Excusez-moi, je suis un coastguard et j'ai vu votre signal de détresse.
Papa: Un coastguard? Ici, à Shepherds Bush? C'est un cushy job.
Coastguard: Je suis off-duty. Je suis en route au Coastguards' Firework Party.
Papa: Alors, vous avez des fireworks?
Coastguard: Oui, mais …
Papa: Entrez, entrez! Avez un drink! Laissez-moi vous présenter au Catholique, au busybody … *(Un autre knock à la porte.)*
Policier: Excusez-moi, je suis le local lovable bobby etc…
Papa: Vous avez des thunder-flashes anti-riot?
Policier: Oui, mais … (*Etc, etc. Plus tard la Fire Brigade arrive. Oh well, c'était fun pendant que cela durait …*)

Leçon Eighty-Five

DANS LE CLASSIFIED ADS BUREAU

Monsieur: C'est ici le Classified Ads Dept. de la *Chronicle*?
Salesgirl: Oui, monsieur.
Monsieur: Bon. J'ai ici le texte d'un petit ad.
Salesgirl: 'Ted et Shirley Daglock' … C'est un anniversary?
Monsieur: Non. C'est une divorce.
Salesgirl: Nous n'avons pas une section pour divorce, monsieur. Seulement 'Births, Marriages et Deaths'.
Monsieur: Eh bien, il faut commencer une section pour divorce. C'est le coming thing. Divorce est presque aussi fréquent que marriage. Ici à la *Chronicle*, il faut être un trail-blazer! Un pioneer dans le provincial press! Aujourd'hui la *Chronicle*, demain Rupert Murdoch!
Salesgirl: Qui est Rupert Murdoch?
Monsieur: Never mind. Je peux insérer ma Divorce annonce, oui ou non?
Salesgirl: Oui, mais dans quelle section? Nous avons Cars for Sale, Bargains sous £10, Coming Events …
Monsieur: Vous n'avez pas Disappearing Events?
Salesgirl: Non … Pub Jazz, W. I. Activities, Missing Pets.
Monsieur: Ah! Nous voilà! Ma ex-femme va être un missing pet! C'est parfait! 'Si vous avez vu Shirley Daglock, age 55, nondescript appearance, repond au nom de "Shirl", soyez careful. Elle est dangéreuse. Pas de reward.'
Salesgirl: Ah, nous ne pouvons pas dire ça. C'est un peu libellous.
Monsieur: Vous n'avez pas vu mon ex-femme. C'est un monstre. Elle prend tout mon argent.
Salesgirl: Vous pouvez aller sur le Bankruptcy page. 'Ted

Daglock annonce son bankruptcy, dû aux déprédations de sa femme, etc … '

Monsieur: Hmm. Je ne suis pas sûr. Je ne suis pas littéralement bankrupt, j'ai encore quelques bobs. Ah! J'ai une idée! Vous avez un Poetry Corner, non?

Salesgirl: Si.

Monsieur: Voilà la réponse. Je vais payer l'insertion d'un petit poème dans Poetry Corner …

En 1981, le drame était begun.
Ted et Shirley, furent mariés early.
Après 25 ans, Ted fut presque dead.
Maintenant ils sont splIt. Je crois que c'est it.

Salesgirl: Dans Poetry Corner, nous avons seulement les poètes morts comme Keats, Byron, Larkin, etc. Mais nous avons une Thanksgiving section, qui est peut-être suitable pour vous. Voilà un exemple, qu'on nous a donné ce matin. 'Shirley Daglock donne thanks pour sa délivérance de Ted Daglock, le monstre de Abbey Lane … '

Monsieur: Ah, c'est elle! Elle a volé une marche sur moi encore une fois! C'est hopeless! Vous avez une Suicide section peut-être, mademoiselle?

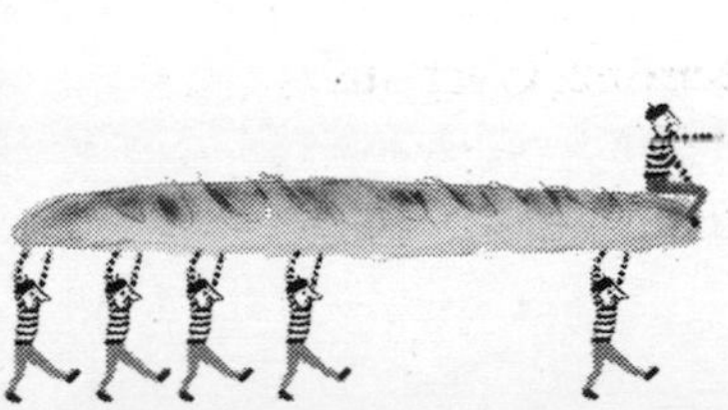

Leçon Eighty-Six

DANS LE BODY CARE SHOP

Madame: Je désire une tube de lotion.
Salesgirl: Quelle sorte de lotion?
Madame: N'importe quelle lotion. Any vieille lotion. Une tube de commun ou jardin lotion. Lotion, quoi.
Salesgirl: Madame, il y a beaucoup de sortes de lotion. Nous ne vivons pas dans un Nivea-only monde. Il y a une grande sélection de crèmes, lotions, unguents, etc.
Madame: Oh, Lord. Je déteste les grandes sélections. Moi, *j'aime* un Nivea-only monde.
Salesgirl: Alors, vous êtes vieux-fashioned. Regardez – nous avons lotion moisturisante, conditionneuse, nutritive, sédative, restaurative, absorbante …
Madame: Quel load de rubbish. Pourquoi la lotion conditionneuse, par exemple?
Salesgirl: C'est ideal, si vous avez 'tired skin'.
Madame: 'Tired skin'? Je ne comprends pas.
Salesgirl: C'est une condition quand le skin est fatigué … quand vous êtes un peu droopy … quand vous souffrez d'un peu de sag …
Madame: Oh, là là. Quelles autres sortes de skin il y a?
Salesgirl: Il y a 'poor skin', 'hungry skin', 'thin skin', 'dull skin' …
Madame: Et pour chaque skin il y a une différente lotion?
Salesgirl: Oui.
Madame: Quel racket. Eh bien, donnez-moi une lotion pour le 'bad-tempered skin'.
Salesgirl: Pardon?
Madame: J'ai un mauvais case de 'bad tempered skin'. Regardez mes features. Regardez comment le skin est rouge,

dans un flush, d'une couleur furieuse. Well, c'est 'bad-tempered skin'.
Salesgirl: Je ne comprends pas.
Madame: Bad-tempered, parce que vous demandez des prix ridicules pour des lotions ridicules pour des raisons ridicules.
Salesgirl: Madame, je vous assure que pendant ma course à Skin School …
Madame: *Skin School*? Quoi on earth … ?
Salesgirl: C'est notre course préparatoire pour le magasin, un grounding dans skin care. 'Un happy skin est un healthy skin' – c'est notre motto.
Madame: Je suis sur le point de throwing up. Je souffre maintenant de 'hysterical skin'. Donnez-moi un tin de Nivea et une pierre de pumice.
Salesgirl: Eeuh … nous ne stockons ni la Nivea ni la pumice-stone. Ce n'est pas notre policy.
Madame: Votre policy est packaging, pricing et profiteering. Mon policy est le clearing off. Au revoir et merci pour rien.

Leçon Eighty-Seven

CHEZ L'UNDERTAKER

Monsieur: Bonjour. Je veux arranger un funéral.
Undertaker: Monsieur, je suis terriblement upset que vous avez une mort dans la famille. C'est une période de détresse. Mais vous pouvez laisser tout le business à nous.
Monsieur: Vous pouvez préserver votre twaddle sanctimonieuse. Je n'ai pas une corpse. Il n'y a pas de departed.
Undertaker: Mais sans un departed, il n'y a pas de funéral!
Monsieur: C'est vrai. Voyez-vous, le bloke pour qui je veux arranger le funéral est toujours living.
Undertaker: Vous voulez arranger un funéral pour … Mais c'est une assassination!
Monsieur: Rubbish. Le bloke pour qui j'arrange le funéral … c'est moi!
Undertaker: Une suicide!
Monsieur: Megarubbish. Je fais un peu d'advance planning, c'est tout.
Undertaker: Vous êtes … malade? Vous êtes dans un job dangereux?
Monsieur: Look. Après la mort d'un near et dear one, c'est toujours la même histoire. On appelle l'undertaker qui arrange un funéral avec tous les trimmings, et le bill est énorme, right?
Undertaker: Non …
Monsieur: Oui. Mais les relations du loved one ne font pas une objection. Une querelle sur le bill, ce n'est pas très respectueux envers le cher departed. Les relations paient sans une murmure.
Undertaker: Vous exagérez, monsieur.
Monsieur: Pas du tout. Eh bien, je suis le loved one! Je vais

arranger mon funéral maintenant, et payer en avance, sans des overheads énormes!
Undertaker: Il est très irrégulier ...
Monsieur: Bien sûr, il est irrégulier! Vous n'aimez pas une coeur-à-coeur avec le departed, parce que vous ne pouvez pas employer le blackmail. Eh bien, je désire une crémation. Très simple. Pas de musique.
Undertaker: La musique est normale, monsieur.
Monsieur: C'est mon funéral, mate. Pas de musique. Et un coffin retournable.
Undertaker: Il est impossible!
Monsieur: Il est plus cheap, voilà tout. Et je désire une headstone avec ce message: 'A un Papa adoré, etc, etc': il est sur ce memo.
Undertaker: Et puis nous vous envoyons le bill?
Monsieur: Non. Il faut m'envoyer une *estimate*. Je vais offrir mon funéral au best bid. Je suis un corpse *très* business-like. Au revoir, monsieur.

Leçon Eighty-Eight

LE READING DU WILL

Solicitor: Nous sommes assemblés ici aujourd'hui, parce que nous sommes les loved ones et les nearest et dearest de M. Charles Triddle, qui est mort si tragiquement last week. Et c'est sur moi que tombe l'obligation triste du will-reading …

Chorus: Oui, oui! Get on!

Solicitor: Comme vous savez, M. Triddle était un homme de considerable means. Il donnait beaucoup à la charité, mais il était aussi très généreux avec sa famille.

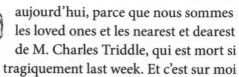

Voix: Il était un tight-fisted bâtard.

2ème Voix: Uncle Keith! C'est une horrible chose à dire!

Chorus: For God's sake, allons-y! Nous sommes ici seulement pour le lolly!

Solicitor: OK. Here goes avec le will … 'Je, Charles Triddle, being compos mentis et sur mon trolley, certifie hereby que ce morceau de papier est le dernier … '

Uncle Keith: Coupez the cackle!

Chorus: Oui! Boogie on down à la bottom ligne!

Solicitor: OK, OK … Hmmmm … Ah! 'Therefore je, Charles Triddle, laisse le bulk de mon estate à mon cher pussy-cat, Halley's Comet.'

Uncle Keith: Pauvre petit Halley's Comet est mort. Il est dans le grand Whiskas Bowl dans le ciel. Il était run-over au weekend. Maintenant, continuez avec le will.

Solicitor: 'Mais il y a une bonne chance que mon pauvre pussy-cat va être le victime d'un assassin. Oui! Il est possible que ma famille, cette collection de money-grubbers et ingrats, va tuer Halley's Comet juste en cas. If so, je laisse le bulk de mon estate aux enfants et aux grands-enfants de Halley's Comet.

Aunt Marigold: Mais ils étaient tous involvés dans l'accident. Continuez!

Solicitor: Hmmmm … 'Mais si tous les chats sont morts, je, Charles Triddle, laisse le bulk de mon estate à … ' Je ne peux pas lire le nom. C'est illégible. Katharine, peut-être? Ou Kirsten?

Uncle Keith: Non, c'est Keith!

Chorus: Non, c'est Marigold, Theodora, Bertie, Harry le Hamster! *Etc, etc.*

Solicitor: Peut-être c'est sur le vidéo. Charles Triddle m'a donné un home video qui explique le will. Regardez cette télévision là-bas.

Video: 'Allô, everybody. Oui, c'est moi, Charles Triddle, here again après le funeral pour expliquer mon will. By now, vous avez tué tous mes chats, sans doute, et trouvé l'illégible nom dans le will. Well, je laisse mon estate … tout mon argent … ma maison et les contents … ma collection de 78s …'

Uncle Keith: Get on with it, espèce de con!

Video: 'Je laisse everything à la personne qui va assassiner Uncle Keith. Oui, Uncle Keith, qui est l'assassin de Halley's Comet!

Uncle Keith: C'est imbécile. C'est ridicule. Non mais c'est bête… Pourquoi vous me regardez tous comme ça? Pourquoi vous avancez sur moi, comme ça? Aaaaaaagh!

(*Next week – le reading de Uncle Keith's Will!)*

Leçon Eighty-Nine

DANS LE HIRE SHOP

Hireman: Oui, monsieur?
Monsieur: Je cherche un length de rope. Et un trap-door.
Hireman: Un trap-door? Je ne vois pas exactement.
Monsieur: Un trap-door, c'est un opening dans le floor. Dans un théâtre, par exemple, vous avez un trap-door sur la scène. Vous avez un acteur qui entre, qui passe a travers, et puis – pouf!
Hireman: Il est gay ou quoi?
Monsieur: Non. Pouf! Le trap-door s'ouvre et il fait le disappearing trick.
Hireman: Vous avez un théâtre?
Monsieur: Non.
Hireman: Alors, votre besoin d'un trap-door … je ne vois pas …
Monsieur: C'est pour un suicide bid.
Hireman: Pardon?
Monsieur: Je suis bored avec la vie. Je veux voir le next world
Hireman: C'est un one-way ticket, vous savez.
Monsieur: Oui, je sais. Anyway, le length de rope est pour le hanging, et le trap-door est pour le moment critique. Snap!
Hireman: TERRY! UN LENGTH DE ROPE! UN TRAP-DOOR!
Terry: *(off-stage)* Right out of rope! Nul trap door en stock!
Hireman: Sorry, monsieur. Rope et trap-door dans une no-stock situation.
Monsieur: Oh, blimey. Je dépendais absolument …
Hireman: Ce n'est pas notre normal ligne. Normalement, nous faisons les step-ladders et les sanding-machines, le scaffolding et les lawn-mowers …
Monsieur: La suicide avec un lawn-mower, c'est un peu tricky.

Hireman: Hmm. Vous avez un point là. Avec le scaffolding, peut-être?
Monsieur: Vous voulez que je me donne un cosh sur la tête avec une tube de scaffolding?
Hireman: Mais non, mais non! Vous construisez une grand structure de scaffolding, about 40 or 50 mètres en height. Vous allez au top. Vous dites: 'Farewell, cruel monde' – et jump!
Monsieur: Un peu extravagant. Et la planning permission est difficile.
Hireman: Une sanding-machine, maybe? Gradual suicide, quoi?
Monsieur: Hmm. Vous n'avez pas de pistolets, ou des capsules de cyanide?
Hireman: Ah, monsieur, pour cela il faut aller à une pharmacie, ou faire enlisting dans les Service Secrètes … Anyway, un suicide bid est dodgy pour nous.
Monsieur: Pourquoi?
Hireman: Stands to raison. Vous faites le hiring d'un trap-door, say, pour un jour. Vous vous suicidez. Et qui va ramener le trap-door au hire-shop? Avec le funeral et tout le fuss, le trap-door est oublié. Ah non, c'est une losing situation pour nous.
Monsieur: OK. Sorry si je vous ai dérangé.
Hireman: Pas du tout, squire. Et good luck avec le suicide bid.

Leçon Ninety

DANS LE CHEESE-SHOP

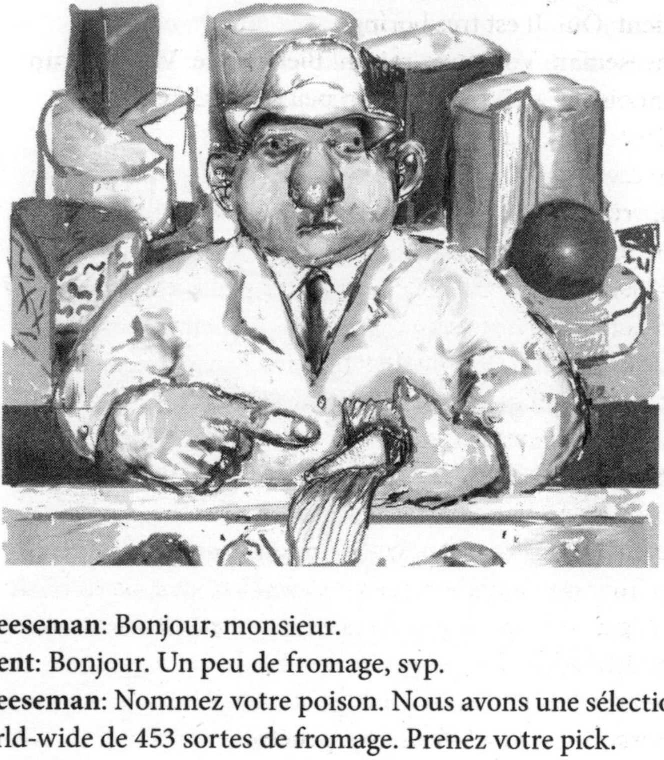

Cheeseman: Bonjour, monsieur.
Client: Bonjour. Un peu de fromage, svp.
Cheeseman: Nommez votre poison. Nous avons une sélection world-wide de 453 sortes de fromage. Prenez votre pick.
Client: Un quarter de Cheddar, svp.
Cheeseman: Eeuh!
Client: Pardon?
Cheeseman: Je dis: 'Eeuh!'
Client: Vous êtes OK?
Cheeseman: Comprenez-moi. J'ai une sélection ici de fromages qui est utterly thrilling … breathtaking … sensationnelle … et vous demandez un quarter de *Cheddar*. Où est votre imagination?
Client: Hmm … OK. Un half de Cheddar, svp. Canadien.

Cheeseman: Non, non. Essayez quelque chose de différent. Ayez une aventure!
Client: Oh dear. Comment?
Cheeseman: Vous avez mangé du Britmold? C'est le nouveau fromage anglais.
Client: Oui. Il est très boring.
Cheeseman: Vous avez raison! Bien spotté. Vous êtes un connoisseur déjà. Alors … un peu de Stiklob?
Client: C'est quoi?
Cheeseman: Un fromage de Norway. Dur, glossy et imperméable. Il est aussi excellent comme ski-wax.
Client: Non, je ne crois pas …
Cheeseman: Une slice de Cantalone, peut-être? Un fromage italien, du lait de buffalo.
Client: Les buffalos ont du lait?
Cheeseman: Oui, oui. Demandez à un baby buffalo. Les buffalos sont aussi féminins, vous savez. Comme mères, elles sont loving et supportives.
Client: Je ne suis pas un buffalo bébé.
Cheeseman: Donc, mangez quelque chose de très trendy. Du fromage Nouvelle Cuisine! Il contient du kiwi fruit, du vinaigre de raspberry et un gherkin coupé comme un bit de Spanish lace.
Client: Ce n'est pas un fromage; c'est une joke.
Cheeseman: Voilà! Vous avez pénétré le mystère de la Nouvelle Cuisine. Eh bien, un fromage de Russia. Flavouré avec vodka. Prenez une sample.
Client: Hmmm … Mais la flavour est non-existente!
Cheeseman: Comme le vodka! Je ne sais pas pourquoi ils font le bother … Tenez, essayez une slice de ce petit number.
Client: Mmm … C'est excellent! Donnez moi un half. Qu'est-ce-que c'est, par le way?
Cheeseman: Du Cheddar, monsieur.

Leçon Ninety-One

L'INSURANCE

Salesman: Bonjour, monsieur! Ja veux vous parler au sujet du futur. Avez-vous considéré le futur?
Monsieur: Oui.
Salesman: Et il est inprédictable, n'est-ce pas? Vous ne savez jamais quel joli treat est up la sleeve du futur. Peut-être la promotion ou un windfall. Mais aussi peut-être un coronary, le rédundance, la ruine!
Monsieur: Très cheerful.
Salesman: Mais il faut être réalistique. Si quelque chose vous arrive …
Monsieur: En autres mots, si je donne un kick au bucket?
Salesman: Nous ne disons jamais ça. Mais, oui, si vous allez à la rencontre de votre Fabricateur, que va faire votre famille?
Monsieur: Ils vont recevoir £1,000,000.
Salesman: Pardon?
Monsieur: J'ai un policy d'assurance de vie. Le jour de ma mort, un pay-out énorme.
Salesman: Hmm. Well … avez-vous considéré votre household? Vos bons et chattels, il sont assurés?
Monsieur: Chaque video cassette, chaque boîte d'allumettes – tout.
Salesman: Mais pas votre livestock!
Monsieur: Pardon?
Salesman: Votre chat, votre chien, votre parakeet – leur futur est dans vos mains! Ah, si votre chat donne un kick au bucket qui va maintenir ses petits kittens?
Monsieur: Moi.
Salesman: Et avec un All-Pet Inclusive Policy, le job est facile.
Monsieur: Je sais. J'ai un All-Pet Inclusive Policy.

Salesman: Bon. Et votre jardin? Votre jardin est assuré? Une hurricane est rare je sais, likewise une earthquake, mais imaginez-vous la scène de destruction. Vos cannes de raspberries ruinées, votre lovely willow pleurant écroulé … Savez-vous qu'il y a un policy qui couvre tout ça?

Monsieur: Oui. Un Toute-Risque Jardin Policy. Mon jardin est assuré contre tout, même phylloxera.

Salesman: Blimey. OK, voici un dernier shot. *Avez-vous considére la descente sur votre maison d'un jumbo jet?*

Monsieur: Oui.

Salesman: Ou une missile. Ou une hélicoptère. Ou une vache volante, airborne dans un hurricane. Eh? Avez-vous considéré?

Monsieur: Oui. J'ai un All-Purpose Roof Protection Policy.

Salesman: Jeepers. J'admets le defeat. Mais pourquoi vous êtes si bien assuré? En mon expérience, vous êtes unique.

Monsieur: C'est simple. Vous étiez ici yesterday.

Leçon Ninety-Two

DANS LE TOYSHOP

Assistant: Bonjour, monsieur.
Monsieur: Bonjour. Je cherche des bathtoys.
Assistant: Bon, monsieur. Nous avons un wind-up tug bateau, ou un wind-up frog, ou Willy le Walrus, ou Donald le Dolphin …
Monsieur: Non. Je désire un bathtoy sérieux.
Assistant: Comment sérieux? Un schnorkel miniature? Freddy le Frogman?
Monsieur: Non. Par exemple, un modèle du Titanic.
Assistant: Nous avons un kit modèle du Titanic. Il y a 300 morceaux, il mesure deux mètres par 30 centimètres, et il coûte £49.99.
Monsieur: Et il flotte?
Assistant: Oh, oui. Il flotte parfaitement. C'est un tout-systèmes-go bateau.
Monsieur: Alors, c'est hopeless pour moi. Je désire un Titanic dans une shipwrecked situation.
Assistant: Alors, achète le kit modèle de notre Titanic. Faites-le construire. Prenez un grand ice-lump dans votre refrigérateur – pour le iceberg, vous savez – mettez l'ice-lump avec le bateau dans votre bain, et *crumph*! Une Bathnight to Remember.
Monsieur: Non, ce n'est pas exactement pour le bathroom. J'ai un grand tank d'aquarium, avec une quantité de poissons exotiques.
Assistant: C'est joli, ça. Et vous désirez des joujoux pour les poissons? Vous êtes très thoughtful.
Monsieur: Non, non, pas exactement. Mais je veux décorer le tank avec des objets sous-marins – chest de trésor de pirate, galleons naufragés, cette sorte de chose.

Assistant: Charmant.
Monsieur: Oui. Mais les poissons sont toujours listless, mécontents, out-of-sorts. Et je me suis pensé: peut-être c'est le wrong stuff. Le treasure chest est un peu …
Assistant: Vieux chapeau?
Monsieur: Exactement. Obsolete, même. Donc je désire du flotsam et jetsam moderne.
Assistant: Maintenant je comprends votre désire du Titanic dans une shipwrecked situation. Mais un modèle deux mètres par 30cm, c'est un peu sur le big side. Tenez, pourquoi pas un Russian sub? Comme sous la glace Arctique? Ou une expédition pour trouver le bullion.
Monsieur: Excellent! Vous en avez?
Assistant: Non. Mais si vous prenez mon avis, les choses vraiment genuines pour le sea-floor sont maintenant des boîtes de Coca-Cola, des mugs plastiques, des bouteilles, etc.
Monsieur: Vous croyez?
Assistant: Absolument. Achetez un Girls' Model Kitchen Set, jetez-le dans votre aquarium et les poissons vont dire: 'Ah, c'est just comme dans l'océan! La pollution et tout ça!' Trustez-moi, monsieur.

Leçon Ninety-Three

LE JEU DE MONOPOLY

Papa: C'est ton tour, chérie.
Maman: Mon go? Sorry. Mon mind était elsewhere. Huit … 1 … 2 … 3 … 4 … etc. Ah, Northumberland Avenue. Je vais l'acheter.
John: Tu l'as acheté sur ton dernier go round.
Maman: Dommage. Je n'ai pas beaucoup de property.
Janet: Tu as seulement Northumberland Avenue. Il faut concentrer, Maman!
Papa: OK, mon go. Ah, j'ai fait un landing sur Go!
John: Voilà. £200.
Papa: Non, c'est £400 pour un direct hit sur Go. C'est dans les rules.
John: Montre-moi la rule qui dit: '£400 pour un landing sur Go.'
Papa: Nous avons perdu les Monopoly rules. C'est la No. 1 rule de Monopoly – le rule-sheet est toujours perdu first. Mais nous avons toujours joué la '£400 sur Go' rule.
John: OK, OK. Maintenant c'est mon go, mais first je veux acheter des hôtels pour Bond Street et Regent Street.
Janet: God, tu es un mean capitalist! Je déteste tes hotels.
John: Et maintenant, c'est mon go. Hmm. Mayfair. OK, Janet, ton go.
Janet: Enfin! Ah – un six … Hold on un instant. Mayfair est à moi. Tu me dois du rent!
John: Non, c'est trop tard. Il faut dire 'Rent' avant le next go. Otherwise, c'est null et void.
Janet: Ah, ce n'est pas fair! Tu m'as forcé à faire un go! Donne-moi le rent!
John: Non.
Janet: Eh bien, je ne vais pas jouer.

Papa: Oh, for God's sake, donne-lui le rent, John. Sois flexible.
Maman: Il est curieux, l'idée de construire des hôtels dans Fleet Street. Qui voudrait passer une nuit dans Fleet Street?
Papa: C'est curieux, la presence de Fleet Street. Il devrait être Wapping nowadays.
John: Maman, c'est ton go.
Janet: Non! Je n'ai pas encore fait mon go!
John: Well, look sharp, petite soeur.
Janet: Ne sois pas patronisant … Ah, Chance. 'Allez en prison.' Damn.
Maman: Moi, maintenant. 1 … 2 … 3 … 4 … 5 … Mayfair.
Janet: Rent!
John: Tu ne peux pas demander le rent pendant un sojourn en chokey.
Janet: Pourquoi pas?
John: C'est dans les rules.
Maman: Je n'ai aucune objection de payer du rent à un prisonnier. Voilà, chérie.
John: Ah, non, ce n'est pas juste! On brise les rules pour Janet, parce qu'elle est une fille!
Papa: Look, je n'ai pas eu un go pour yonks!
(Etc, etc. Le jeu continue until a) Janet a un crying fit b) John inflige le bankruptcy sur everyone c) Papa fait l'opting-out pour regarder le World Cup d) Maman résigne sa position pour aller dans le kitchen. Voilà les grandes unwritten rules de Monopoly …)

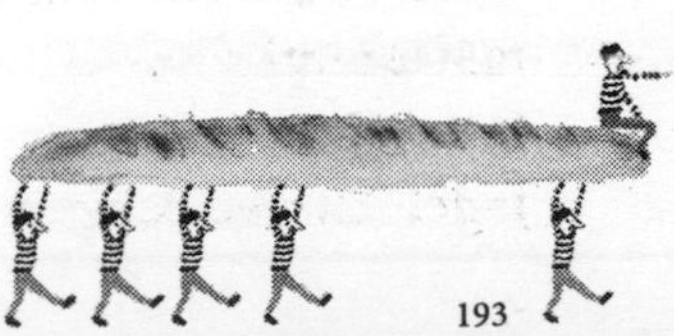

Leçon Ninety-Four

CHEZ LE HERBALISTE

Herbman: Oui, monsieur?
Client: Oui. Je cherche quelque chose pour un stomach ache.
Herbman: Vous avez un stomach ache?
Client: Non.
Herbman: Vous avez kith et kin avec mal à l'estomac?
Client: Non.
Herbman: Hmm. Je ne vois pas clairement …
Client: Je cherche quelque chose qui *inflicte* un stomach ache.
Herbman: Ah! Vous voulez acheter un herb qui inspire le suffering?
Client: Oui.
Herbman: Pour faire vomir, ou pour l'autre … ?
Client: N'importe.
Herbman: Hmm. Il est difficile. Nous sommes normalement dans le business de get-well-bientôt. Les herbs sont pour le health!
Client: Mais vous avez des herbs un peu … dangereux? Avec un kick?
Herbman: All right then, expliquez-moi les circonstances.
Client: Eh bien, je suis un bookie. Il y un big race samedi, les Porterhouse Stakes. Les punters ont placé £500,000 sur le favori, Euro-MP. S'il est le winner, je suis perdu.
Herbman: Et vous voulez …
Client: … donner un handful de grass à Euro-MP, avec un herb secret mais knock-out.
Herbman: Bon. Je racommande Lady's Dropwort. Il s'appelle aussi Old Man's Hangover.
Client: Vous n'avez rien de plus deadly?
Herbman: Eh bien … il y a Queasy Grass. Ou Sweaty Orchid. Ou Fever Fall-Ditch.

Client: Soyons frank. Avez-vous un herb fatal?
Herbman: Soyons frank. Cette histoire de cheval, c'est du balderdash, non?
Client: Actually, oui. J'ai l'intention d'assassiner ma femme. Elle est un health freak. Elle mange les choses naturelles. Donc …
Herbman: Donc, il vous faut Devil's Nightshade. Il est 100% effectif.
Client: Vous êtes absolument sûr?
Herbman: Look. Je suis le nouveau manager ici. Last week, l'ex-manager est mort. Soudain. Il a poppé les clogs *très* vite. J'étais le sub-manager, maintenant je suis le boss. Vous attrapez mon drift?
Client: Alors, le Devil's Nightshade est market-tested?
Herbman: Satisfaction garantie ou money back.
Client: Vous êtes un pal.

Leçon Ninety-Five

L'EXPÉDITION À LA PÔLE DU NORD

The first French expedition to the North Pole has been abandoned, following arguments among the eight members.

News Agency report

Pierre: Eh, bien, les garçons! Seulement 400 kilomètres à la Pôle. Allez!
Jean: Allez rien. J'ai froid!
Pierre: Froid? Oh, là là! Nous sommes dans l'Arctique et vous êtes surpris par le cold?
Jean: Non, mais ce n'est pas 'froid' – c'est *périssant*. Et j'ai seulement mon jacket safari d'Yves St-Laurent, et mon tartan scarf de la Maison Scotch.
Luc: Moi aussi, je souffre. Mon footwear italien est dans une condition terrible.
Raoul: Moi, je ne peux pas porter tout mon équipement.
Pierre: C'est votre faute. C'est idiot d'user le carrier bags de Fiorucci sur une expédition polaire. Maintenant, courage, les gars! Mush!
Jean: C'est imbécile de crier 'Mush!' Nous n'avons pas de chiens.
Pierre: Pas de chiens? Mais … où sont les huskies?

Jean: Nous les avons mangés.
Pierre: *Mangés?*
Luc: La casserole d'hier, vous savez. C'était Chien Bourguignonnne.
Jean: Et c'était dégoûtant. Très fattening, très anti-diète. Je suis obligé de regarder ma figure – mon docteur l'a dit – et dans cette expedition J'ai déjà mis un extra treize lbs.
Raoul: Autre chose. Il ne me restent que deux paquets de Gauloises.
Alain: Et moi, tous mes kerchieves sont sales. Où y-a-t-il un laundry?
Francois: Et moi, j'ai pérusé ce *Paris Match* cinq fois.
Pierre: Messieurs, messieurs. Nous sommes l'Expédition Polaire de France! J'appelle à votre patriotisme.
Jean: Allez vous faire knotted.
Luc: Ne soyez pas old-fashioned.
Raoul: Regardez, Pierre. Nous respectons votre determination et guts, mais …
Pierre: Mais quoi?
Raoul: Mais ce n'est pas chic d'être ici. La Pôle du Nord est terriblement passée. C'est bon pour les milord's eccentriques, comme ce Ralph Twistleton-Fiennes, mais pour nous ce n'est pas notre bag.
Pierre: Alors, c'est un mutiny?
Jean: Pas du tout. C'est une décision démocratique. Allons, les garçons – first stop, Paris!
Tous: Hurrah! Vive le soleil … civilisation here we come … garçon, deux bouteilles de vin rouge et huit verres, *etc*

Leçon Ninety-Six

DANS LE BLIZZARD

(Scene: L'intérieur d'une Ford Sierra, hopelessly perdu dans un snow-drift.)

Elle: Où sommes-nous?
Lui: Je ne sais pas. Somewhere entre Cheltenham et Gloucester.
Elle: 'Somewhere entre Cheltenham et Gloucester'? Tu es un champion map-reader. Nous sommes perdus.
Lui: Oui, nous sommes perdus.
Elle: Eh bien, demande des directions! Trouve un passer-by amical!
Lui: Impossible. La porte ne bouge pas – le snow-drift est solide. Nous sommes ici pour la duration.
Elle: Mais nous sommes expected chez ma soeur, Maureen, dans un half-hour! Elle va être *très* upset si nous sommes en retard.
Lui: Look, chérie, nous ne sommes pas simplement en retard. Nous sommes condamnés à passer la nuit ici.
Elle: Rubbish. Un homme AA ou RAC va passer et nous aider.
Lui: Sois practical. Comment peut un homme AA voyager quand les routes sont totally bloqueés?
Elle: Sur des skis.
Lui: Oh, très joli. Il arrive sur ses skis avec un screw-driver et un flask de cognac. Nous disons: 'Il faut être chez Maureen dans 30 minutes.' Il dit: 'Vous êtes un paire de nutters.'
Elle: OK. Donne-moi une autre suggestion.
Lui: Nous attendons ici. La neige va diminuer dans un jour ou deux.
Elle: Nous allons mourir de starving!

Lui: Nonsense. Nous avons beaucoup de paquets de mints extra-forts, de crisps fromage 'n' oignon, et la bouteille de Rioja.
Elle: Il ne faut pas toucher le vin. Il est pour Maureen.
Lui: Stuff Maureen.
Elle: Ah, c'est le final straw! Je ne peux pas … (*Il y a un knocking sur le roof*) Mon Dieu, la voiture collapse! (*Encore de knocking.)*
Lui: Non, c'est quelqu'un qui frappe sur le roof. Je vais voir. (*Il ouvre la fenêtre.)*
Inconnu: Bonjour. Je viens de la voiture next door. Nous sommes dans le snow-drift 5 mètres derrière vous.
Lui: Bonjour.
Inconnu: Frankly, le thing est, entre vous et moi – vous faites beaucoup de bruit. Shouting, altercation, etc. Un peu de hush, svp. *(Il disparaît.)*
Elle: Well!
Lui: Attends ici un moment, chérie. Je vais popper next door et voir s'il y a un corkscrew pour le vin. *(Il disparaît, lui aussi.)*
Elle: Charles! Ah, c'est impossible. Dans un snow-drift dans le back de beyond, et son premier motif est: allons au pub … !

(*L'AA dit: 'Messieurs les motoristes, si vous sortez pendant le temps de neige – prenez un corkscrew!'*)

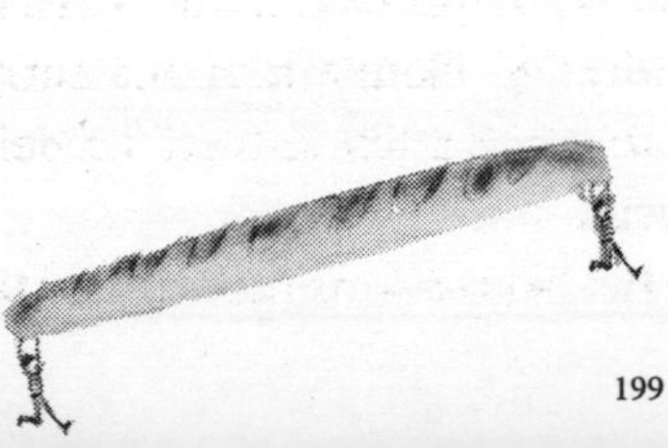

Leçon Ninety-Seven

DANS L'ARBORETUM

Monsieur: Excusez-moi – l'arboretum est open aujourd'hui?
Ticket man: Oui, monsieur. Treeland est toujours open.
Monsieur: Bon. C'est combien, l'admission?
Ticket man: £12 pour entrer, monsieur.
Monsieur: Douze sacrés quid?
Ticket man: Oui, monsieur, et £2.50 pour un Treebook, et £1 pour un map de Treeland, et £150 pour l'Encyclopédie d'Arbres en trois volumes.
Monsieur: Sacré bleu O'Reilly! C'est exorbitant.
Ticket man: Ah, monsieur, ici vous avez un véritable wonderland d'arbres, une pleasure forêt, un Tate Gallery de trees! Mille hectares, crammed avec toute sorte de roi de la forêt! Ce n'est pas cheap à maintenir. Il faut charger un prix raisonnable.
Monsieur: Mais regardez. Nous sommes plumb au milieu de wintertime. Le bulk de votre Treeland est totalement nu. Les feuilles sont tombées. Les arbres sont stiff et stark contre le ciel, comme des skeletons ou scaffolding. Ils sont indistinguishable. Donnez-moi un 50% discount.
Ticket man: Monsieur, vous exagérez. Les arbres sont nus, il est vrai, mais il y a une beauté dans la nudité. Dans Soho, il faut payer extra pour la nudité. Pourquoi pas ici?
Monsieur: Ce n'est pas une bonne analogie, et vous le savez bien.
Ticket man: Oui, je le sais bien. Mais réfléchissez. Dans wintertime, vous avez les conifers, les eververts. Ils sont en top form, juste maintenant. Et quelle variété de couleurs! Dark green …
Monsieur: Et dark green, et dark green.
Ticket man: Oui, peut-être, mais wintertime est peak viewing

period pour les ververts. En summertime ils jouent second violon aux autres arbres – maintenant ils sont top du bill! Le Chile pine, par exemple …
Monsieur: Le Chile pine?
Ticket man: Also known as le monkey puzzle.
Monsieur: Vous allez me charger £12 pour voir un monkey puzzle? Je peux aller gratuitement dans n'importe quelle avenue suburbaine et regarder un monkey puzzle!
Ticket man: Là, vous avez tort. Le monkey puzzle devient très rare. On néglige le replanting.
Monsieur: Et tous ces livres. £150 pour trois volumes! Vous savez, vous avez découpé millions d'arbres pour produire ces livres. Vous, Treeland, vous massacrez une forêt en Finlande pour faire un profit.
Ticket man: C'est vrai. Je n'y avais pas pensé. Tsk tsk. Naughty moi.
Monsieur: Vous n'êtes pas un treeman sérieux, monsieur.
Ticket man: Maybe. Maintenant, vous allez entrer ou vous n'allez pas entrer?
Monsieur: Non. Je vais acheter un postcard.
Ticket man: Pity. Vous alliez être le first paying customer de January.

Leçon Ninety-Eight

A LA RECHERCHE TURKEY

Monsieur: Je désire un turkey.
Shopman: Bon, monsieur. Pour Thanksgiving ou Noël?
Monsieur: Thanksgiving? Cest quoi?
Shopman: C'est le jour où les Americains célèbrent la liberté et l'égalité avec la massacre de 100,000,000 turkeys.
Monsieur: Quelle horreur. Non, pour Christmas.
Shopman: Bon. Quelle sorte de turkey?
Monsieur: Quelle sorte vous avez dans votre grand freezer?
Shopman: Nous commençons avec le Whopper, puis le Superwhopper, et le Giantwhopper et aussi le Banquetwhopper.
Monsieur: Vous avez un petit turkey?
Shopman: Oui. Le Whopper est petit. ll tourne les scales à 40 lb.
Monsieur: 40 lb, c'est petit?
Shopman: Oh, oui. Il faut se souvenir que les turkeys, aujourd'hui, sont un super-race. Un peu comme les athlètes Olympiques.
Monsieur: Avec le training, les muscles, le jogging et tout ça?
Shopman: Non. Avec les stéroides diaboliques, les drogues, et tout ça. Le next step, c'est le sponsorship commercial pour les turkeys.
Monsieur: Mais je désire un tout petit turkey, un turkey minuscule. Jour de Christmas, je dine tout seul sur mon tod. Donc, un 40 lb turkey pour un – ça va me donner 39 lb de leftovers.
Shopman: Ah, monsieur, je regrette, mais nous ne faisons pas le one-man turkey. Nous avons le turkey-leg, le turkeyburger, la rissole de turkey …
Monsieur: Yuk. Vous n'avez pas un baby turkey?
Shopman: Non, monsieur. Voilà un grand mystère de la

nature. Le baby turkey n'existe pas, seulement le Whopper.

Monsieur: Vous pouvez faire un arrangement sale-ou-return? Je prends le 40 lb, je mange l lb, je retourne 39 lb?

Shopman: Monsieur, pour nous, 39 lb de turkey sur le Jour de Boxing, c'est un non-non. Impossible.

Monsieur: Vous n'avez pas de wild turkeys? Les oiseaux sauvages sont toujours plus petites.

Shopman: Le wild turkey n'existe pas, Un wild turkey est un dead turkey … J'ai une suggestion. Si vous dinez seul le jour de Christmas …

Monsieur: Oui?

Shopman: Venez dîner chez moi! Joignez le party! Un slap-up meal pour £7 inclus!

Monsieur: C'est tres gentil, Mais je vais déranger …

Shopman: Pas du tout. ll y a déjà 27 customers qui demandent un petit turkey comme vous, qui viennent maintenant chez moi.

Leçon Ninety-Nine

DANS LA LIGHTHOUSE

1er Lighthouseman: Vous avez fini avec le crossword?
2ème Lighthouseman: Non.
1er: Vous êtes un slowcoach et aucune mistake! Monday, j'ai dit: 'Après vous avec le crossword!' et c'est maintenant Wednesday! Trois jours pour un crossword! Vous êtes un moron, ou quoi?
2ème: J'ai été busy.
1er: Vous? Busy?
2ème: Très busy.
1er: *Busy?* Dans un lighthouse? Busy avec quoi?
2ème: Well, j'ai mis tous les décorations de Christmas dans une boîte pour la Noël prochaine.
1er: Oui? Et après?
2ème: Erm … J'ai fait le washing up.
1er: Nous avons un dish-washer. Vous ne faites jamais le washing up.
2ème: Ah, oui, c'est vrai. Bien, j'ai écrit un email à ma girlfriend, et … c'est tout.
1er: Bon. Les décorations de Noël et un email. Dans trois jours! Donnez-moi le crossword!
2ème: Non!
1er: Si vous ne me donnez pas le crossword, je vais vous donner un thrashing … !
2ème: Roger! Pour l'amour de Mike! Vous perdez le plot ici! Vous êtes stir crazy!
1er: Vous avez raison. Je … C'est la solitude. La terrible solitude. Jour après jour dans cette lighthouse, sans contact humain …
2ème: Hold on, hold on! Et moi? Je suis nobody? Je suis invisible? Je ne suis pas humain, moi?
1er: Je ne sais pas. Existez-vous vraiment? Ou existez-vous seulement dans mon imagination? Etes-vous un

THE WATCHTOWER

lighthouseman for real, ou un ghost lighthouseman?
2ème: Roger! Avez-vous perdu vos marbles? Etes-vous off votre trolley? C'est moi, Charlie! Votre ami! Votre mate! Votre sidekick!
1er: Oui ... Sorry ... J'avais un mini-blackout ...
2ème: Vous voulez regarder la TV?
1er: Non, merci ... Un moment! Vous avez entendu cela?
2ème: Quoi?
1er: Un knocking.
2ème: Quelle sorte de knocking?
1er: Knocking à la porte ... knock knock knock ... 'Allô! Allô! ... Visiteurs ici! ... On peut entrer?' ... Cette sorte de knocking.
2ème: Mais vous êtes fou! Nous sommes dans un lighthouse! C'est 19.45 o'clock! C'est January! C'est un dark et stormy night! Nous sommes 3 kilomètres off-shore! Qui va faire le knocking à la porte d'une lighthouse?
1er: Je ne sais pas ... Neighbourhood Watch?
2ème: Vous êtes fou.
1er: Quand même, je vais regarder à la porte.
(Il se lève. Il sort du sitting room. Il descend les 340 steps à la porte. Après 15 minutes, il rentre.)
2ème: Eh bien? Qui c'était?
1er: Des Witnesses de Jehovah.
2ème: Ah oui? Que voulaient-ils?
1er: Rien. Parler. Discuter la réligion. Avoir un petit chin-wag sur Jesus.
2ème: Bon. Vous leur avez donné le bum's rush? Vous avez dit: 'Sur votre bike!'?
1er: Non. Je leur ai dit que vous êtes ici aussi. 'J'ai un ami upstairs' – voilà ce que j'ai dit.
2ème: Bon. Voici ma réponse. (*Il va à la porte et donne un grand cri dans le stairway.*) Je suis athéiste! Piss off! Foutez-moi le camp! (*Dans la distance, un petit cri de Witness Jehovah.*)
Cri: OK! Merci! Bon soir! (*Slamming de la porte dans la distance. Silence ...*)
1er: Vous avez fini avec le crossword ... ?
2ème: Non.
1er: Vous êtes un slowcoach ... ! *(Etc etc etc etc ...)*

Leçon Un Hundred

LE CAROL DE NOËL

God rest you, heureux gentilhommes,
Let rien vous déranger,
Car Jésus Christ, notre bon Sauveur,
Fut né dans un petit manger,

Dans la ville du royal David,
Parmi les donkeys et les vâches,
Et il était un très bon bébé,
Well-behaved, sans nappy rash.

Overhead, une étoile brillante
Fut un signe pour les trois rois.
Ce star, était-elle le fameux comète
De Monsieur Halley? Je ne sais pas.

Dans les champs, les shepherds dormaient,
Et leurs moutons dormaient aussi,
Quand soudain une grande voix parla:
'Wakey wakey! Listen to me!

Dans un cattle shed vous verrez
Le fils de Dieu, qui est votre roi.
Allez-y, et say I sent you.
Allez, allez! Ce n'est pas far.'

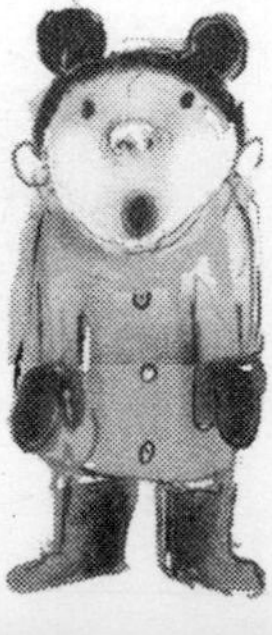

'Et les moutons?' disent les shepherds.
'Qui les garde dans notre absence?'
'Blimey,' dit le holy angel,
'OK – je les garde for the nonce.'

A travers le bleak midwinter
On and on les bergers went,
Et ils chantaient tous: 'Hosanna!'
Mais ils ignoraient what it meant.

'Listen,' dit Mary, en regardant
Bébé Jésus, mild et meek.
'Ecoutes-tu les jolies chansons?
Des carol-singers! Ah – c'est chic!'

C'est all go, là, dans le cattle shed –
Rois et shepherds, vâches et mules.
'C'est really nice,' dit Papa Joseph,
'D'avoir company à Yule.'

Seul absent est le poor angel,
Avec les moutons, o'er the lea.
'Mon Dieu, c'est froid!' exclame l'angel,
Et Dieu répondit vite: 'Tant pis.'

So raise the goblet, lève le tankard,
Broach le Beaujolais nouveau!
Et drink un toast: 'Un très bon health
A pauvres angels dans le snow!'

God rest you, heureux gentilhommes,
Allons, enfants de la patrie,
Car Jésus Christ, notre bon Sauveur,
A son birthday aujourd'hui!

Leçon Un Hundred-et-One

LE CRACKER DE NOËL

Bob: Un cracker, M. Scrooge?
Scrooge: Pourquoi pas? J'ai toujours du temps pour un peu de fun.
Bob: Right! Tenez votre bout … tenez tight … Tirez!
Scrooge: Je tire encore. (*Soudain, le cracker se divise en deux.*) Mais, il n'y avait pas de crack!
Bob: Peut-être il est dud. Ah non, regardez. Le petit strip explosif est toujours intacte. Vous voulez tirer encore?
Scrooge: Avec mes mains nues? Pas sur votre nelly. Je ne veux pas être brûlé le jour de Noël, comme un turkey.
Bob: Mais non, il n'y as pas de danger. Regardez, je vais tirer le strip moi-même, un bout à chaque main. (*Une explosion.*) Ay ay ay! J'ai brûlé les cheveux sur mes mains. Ouf!
Scrooge: C'est de votre faute. Vous ne m'écoutez jamais. Maintenant, inspectons le booty que j'ai gagné.
Bob: Que *vous* avez … M. Scrooge, c'est moi qui ai gagné!
Scrooge: Fair enough. Inspectons *votre* booty.
Bob: Premièrement, la riddle: 'Qui étaient les deux Premiers anglais inférieurs à tous les autres?'
Scrooge: Je ne sais pas. Qui étaient **les deux Premiers anglais inférieurs à tous les autres?**
Bob: 'Pitt the Elder et Pitt the Younger. Parce qu'ils étaient vraiment les Pitts.'
Scrooge: Très bien! J'aime cette riddle.

Bob: Je ne la comprends pas.
Scrooge: Mon vieux Bob, vous n'avez pas une sense d'humour. Quoi next?
Bob: Une model plastique de la State Coach.
Scrooge: C'est joli!
Bob: C'est cheapo cheapo. Il y a aussi une moustache fausse.
Scrooge: Bravo. Mettez-la.
Bob: Inutile. J'ai déjà une moustache naturelle.
Scrooge: Bon, je vais la porter moi-même. Voilà! Vous croyez que je rassemble au Prince Albert?
Bob: Oui, comme je rassemble à la Reine Victoria, moi. Et finalement, le chapeau de papier. Qui est trop grand pour moi.
Scrooge: Mais pas pour moi.
Bob: Well, comme un cracker, c'est un wash-out.
Scrooge: Bob, vous êtes un vrai Cratchit. Un party-pooper. Un blanket mouillé.
Bob: Il est difficile d'être cheerful tout le temps, spécialement maintenant que vous êtes une caractère réformée. Je préfère vieux Scrooge, presque.
Scrooge: Mais non, mais non! Cheer up! Prenez un verre! Bottoms up! *(Etc, etc ...)*

Certificate de Franglais Supérieur

Cette certificate est hereby awarded à:

....

sur successful completion de *Le Bumper Book of Franglais*

....

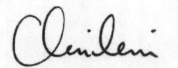

Executive Chef du FA (Franglais Association)

Coupez along la ligne dottée